मदर टेरेसा

मदर टेरेसा

अंकिता सिंह

रुद्र

First published in India in 2020 by
Rudra Publishers & Distributors

ISBN: 978-93-86829-11-5

Rudra Publishers & Distributors
S-1, 5/587, Sector-5, Vaishali
Ghaziabad- 201002
Email: rudrapubdis@gmail.com

Printed and Bound in
Delhi

₹ 599/-

1

जीवन परिचय

मदर टेरसा रोमन कैथोलिक नन थीं, जिनके पास भारतीय नागरिकता थी। उन्होंने 1950 में कोलकाता में मिशनरीज ऑफ चेरिटी की स्थापना की। 45 सालों तक गरीब, बीमार, अनाथ और मरते हुए लोगों की मदद की और साथ ही चेरिटी के मिशनरीज के प्रसार का भी मार्ग प्रशस्त किया।

सन् 1970 तक वे गरीबों और असहायों के लिए अपने मानवीय कार्यों के लिए प्रसिद्ध हो गयीं, माल्कोम मुगेरिज के कई वृत्तचित्र और पुस्तक जैसे समथिंग ब्यूटीफुल फॉर गोड में इसका उल्लेख किया गया। उन्हें 1979 में नोबेल शांति पुरस्कार और 1980 में भारत का सर्वोच्च नागरिक सम्मान भारत रत्न प्रदान किया गया। मदर टेरेसा के जीवनकाल में मिशनरीज ऑफ चेरिटी का कार्य लगातार विस्तृत होता रहा और उनकी मृत्यु के समय तक यह 123 देशों में 610 मिशन नियंत्रित कर रही थी। इसमें एचआईवी/एड्स, कुष्ठ और तपेदिक के रोगियों के लिए धर्मशालाएं शामिल थे और साथ ही सूप रसोई, बच्चों और परिवार के लिए परामर्श कार्यक्रम, अनाथालय और विद्यालय भी थे। मदर टेरेसा की मृत्यु के बाद उन्हें पोप जॉन पॉल द्वितीय ने धन्य घोषित किया और उन्हें कोलकाता की धन्य की उपाधि प्रदान की। भारत की प्राकृतिक संपदा तथा सरल शैली ने हमेशा पश्चिमी संस्कृति को अपनी तरफ आकर्षित किया। भारतीय लोगों के निश्छल प्रेम को देखकर कोई विदेशी युवती यहाँ की संस्कृति से अपने को अलग नहीं कर पायी और यहीं रहकर दीन-दुखियों की सेवा में अपना जीवन समर्पण कर दिया।

यह गरिमामयी युवती थी-एग्नेस। यूगोस्लाविया के स्कपजे नगर में इस लड़की ने एक अल्बेलियन परिवार में 27 अगस्त 1910 को जन्म लिया था। बाद में यह लड़की भारत आ गई और मदर टेरेसा के नाम से विश्व भर में विख्यात हुई।

18 वर्ष की युवती एग्नेस अपनी शिक्षा पूरी कर मिशनरी का प्रशिक्षण ग्रहण कर लोरेटे स्कूल में शिक्षिका के रूप में सेवाएं देने लगीं। स्कूल में बच्चों को पढ़ाने के दौरान उन्होंने जीवन के अनेक पक्षों का अध्ययन करते हुए इस निष्कर्ष पर पहुँचीं की मनुष्य का शोषण ही सबसे बड़ा अपराध है। शोषित और पीड़ित लोग गरीबी और

अभावों का जीवन जीने के लिए मजबूर हो जाते हैं। एक ओर दुनिया में इतने संपन्न लोग हैं कि उनकी सम्पत्ति का आकलन तक संभव नहीं है तो दूसरी ओर इतने गरीब और साधनहीन लोग हैं कि जिंदगी उनके लिए एक बोझ बन कर रह गई है। जहाँ अमीरी है वहां स्वच्छता, सुविधा और प्रसन्नता है; जहाँ गरीबी है वहां गंदगी, परेशानियां और बीमारियों का अम्बार है। जिनके पास तन ढँकने को कपड़े नहीं, खाने को रोटी नहीं वे बीमारियों का मुकाबला किस बल से करें? लोग रात दिन भटकते हैं और बदले में मिलती है निराशा, अभाव और अपमान। इससे उनका मनोबेल और गिरता है, फिर वे स्वस्थ कैसे रहें ? दरिद्रता और बीमारियों के अंतहीन दल-दल में फंसे विकासशील देशों के गरीबों का कोई नहीं। उनके बच्चे कैसे पढ़ेंगे? उनके घर में उजाला कैसे होगा?

मदर टेरेसा द्वारा भारत की स्थिति पर गहन अध्ययन किया गया। भारत एक ऐसा देश है जहां मानवता की गंगा बहती है परन्तु गुलामी और शोषण ने इस देश को कमजोर बना दिया है। देश की अर्थ व्यवस्था चरमरा गई है। घनी आबादी वाले इस देश में छुआछूत, जाति, प्रथा और वर्ण-व्यवस्था जैसी सामाजिक बुराइयां भी चरम पर हैं। ऐसे में पिछड़े लोगों के जीवन के उद्धार की कामना करना कठिन है।

स्वच्छ वस्त्रों में पवित्रता की प्रतिमूर्ति लगने वाली कुशल अध्यापिका मदर टेरेसा का ध्यान कोलकाता के स्लम क्षेत्र में रहने वाली उन झोपड़ियों पर चला गया जहाँ गरीब और साधनहीन लोग रहते थे। गरीबी का वह मंजर उनकी आंखों के सामने आकर कुछ इस तरह ठहर गया कि वे सिहर उठीं, मन की शांति भंग हो गई। सारा संसार जलता हुआ-सा लगने लगा। दीन-दुखियों का करुण रुदन उनके दोनों कानों में गूंजने लगा और पूछने लगीं कि "हे करुणा के अवतार ईश्वर! कुछ लोगों के जीवन में तूने इतनी पीड़ा क्यों भर दी?"

कुछ देर बाद एक आवाज सुनायी दी। फिर एक उत्तर मिला—ईश्वर किसी को गरीब या अमीर नहीं बनाता। ईश्वर के लिए तो सब उसके प्रिय बच्चे हैं। यह तो कुछ मनुष्यों की करतूत है, जो स्वयं अमीर बनने के जुनून में दूसरों को कुछ इस तरह रौंदते चले जाते हैं कि वे फिर उठ नहीं पाते। जीवन की दौड़ में पिछड़ जाते हैं और फिर पीड़ा और अभावों से भरा जीवन जीने पर विवश हो जाते हैं। उसी समय मदर टेरेसा के मन में एक विचार जागा—क्यों न इन दीन-हीन लोगों की सेवा का आजीवन व्रत लेकर समाज में इनकी सेवा की ऐसी परम्परा डाली जाए जो पिछड़े लोगों को नया जीवन प्रदान करे और शेष समाज को इनकी सेवा करने की प्रेरणा दी जाए।

झट उन्होंने कोलकाता जाकर गंदी बस्तियों में रहने वाले लोगों की सेवा करने का फैसला कर लिया। 1948 में मदर टेरेसा ने अधिकारियों से टोरेंटो छोड़कर कोलकाता जाने की अनुमति प्राप्त कर ली।

जन्म एवं परिवार

मदर टेरेसा का जन्म 26 अगस्त, 1910 को यूगोस्लाविया में हुआ था। मदर टेरेसा के पिता का नाम निकोला बोयाजू था जो एक साधारण व्यवसायी थे। एक रोमन कैथोलिक संगठन की वे सक्रिय सदस्य थीं और 12 वर्ष की अल्पायु में ही उनके हृदय में विराट करुणा का बीज अंकुरित हो उठा था। मदर टेरेसा का असली नाम 'एग्नेस गोंझा बोनास्क्यू' था। अलबेनियन भाषा में गोंझा का अर्थ फूल की कली होता है। एग्नेस के पिता उनके बचपन में ही मर गए, बाद में उनका लालन-पालन उनकी माता ने किया। पांच भाई-बहनों में वह सबसे छोटी थीं और उनके जन्म के समय उनकी बड़ी बहन आच्च की उम्र 7 साल और भाई की उम्र 2 साल थी, बाकी दो बच्चे बचपन में ही गुजर गए थे। गोंझा एक सुन्दर जीवंत, अध्ययनशील एवं परिश्रमी लड़की थीं। पढ़ना, गीत गाना वे विशेष पसंद करती थीं। वह और उनकी बहन आच्च गिरजाघर में प्रार्थना की मुख्य गायिका थीं। गोंझा को एक नया नाम 'सिस्टर टेरेसा' दिया गया, जो इस बात का संकेत था कि वह एक नया जीवन शुरू करने जा रही हैं। यह नया जीवन एक नए देश में जोकि उनके परिवार से काफी दूर था, सहज नहीं था लेकिन सिस्टर टेरेसा ने बड़ी शांति का अनुभव किया।

सेंट फ्रांसिस बने प्रेरणास्रोत

मदर टेरेसा ने अपने शिक्षा-काल में ही दुनिया के महान् पुरुषों और स्त्रियों के बारे में पढ़ा और उन्हें अपना आदर्श माना। इनमें से इटली के प्रसिद्ध संत सेंट फ्रांसिस असीसी का नाम सबसे प्रमुख है। 1181 ई. में इटली में जन्मे जीओवानी बरनार्डोन फ्रांसिस बचपन से ही न्याय के पक्षधर थे। उनका हृदय मानवता से भरा था। उन्होंने अपना पूरा जीवन कोढ़ियों की सेवा में बिता दिया। 1206 ई. में उनके पिता ने उन्हें फोलीतानो नगर में व्यापार के लिए भेजा। उस समय उनकी आयु 25 वर्ष थी। घोड़ागाड़ियों पर लदी कीमती वस्तुएं उन्होंने फोलीतानो नगर में बेचीं। उन्हें भारी मुनाफा हुआ। अंत में उन्होंने खाली घोड़ागाड़ियां भी बेच दीं। जिस घोड़े पर वे सवार थे, वह भी बेच दिया। सारे धन से उन्होंने सोना खरीद लिया।

बरनार्डोन सोना लेकर सेना दामियानों चर्च जा पहुँचे। पुराना चर्च खंडहर हो रहा था। उसकी मरम्मत नहीं होती थी। वहां उन्हें बड़ी संख्या में कोढ़ी मिले। अपने-अपने घरों से निकाले जाने तथा समाज द्वारा ठुकराए जाने के कारण वे इस पुराने चर्च में आ गए थे। यहां के पादरी के दयालु स्वभाव ने इन्हें शरण दे दी थी।

फ्रांसिस ने अपना सारा सोना चर्च के पादरी को दे दिया और स्वयं कोढ़ियों की सेवा में लग गए। इसके बाद वे कभी घर वापस नहीं गए। फ्रांसिस के पिता को जब यह समाचार मिला कि उनके पुत्र ने व्यापार की सारी कमाई कोढ़ियों और चर्च के उद्धार के लिए दान में दे दी है तो वे बौखला गए। वे चर्च जा पहुँचे।

पिता को सामने देख फ्रांसिस ने उनसे पूछा कि वे क्या चाहते हैं? पिता ने व्यापार से मिली पूरी धन राशि मांग ली। फ्रांसिस ने पादरी से लेकर सारा सोना पिता को दे दिया। पिता को उम्मीद थी कि धन छीन लिए जाने पर फ्रांसिस परेशान होकर घर लौट आएगा परन्तु युवा फ्रांसिस कभी भी घर न लौटने की प्रतिज्ञा कर चुके थे। उन्होंने एक कोढ़ी से फटी पुरानी चादर मांग कर अपने शरीर पर लपेट ली और अपने पहने कपड़े भी उतार कर पिता के पास इस संदेश के साथ अपने घर भिजवा दिये—"अब अपने बेटे को भूल जाइए। उसके पास अब आपका दिया कुछ भी नहीं है। अब वह अपना जीवन गरीबों, बीमारों और समाज द्वारा ठुकराए हुए मनुष्यों की सेवा में लगाने के लिए स्वतंत्र है।"

फ्रांसिस ने चर्च के निर्माण और कोढ़ियों की सेवा के लिए धन इकट्ठा करना प्रारंभ कर दिया। चंदा मांग कर, भीख में एक-एक पत्थर इकट्ठा कर उन्होंने चर्च का नव निर्माण शुरू कर दिया। कोढ़ी भी उनके इस अभियान में शामिल हो गए। इटली के पादरियों से परेशान फ्रांसिस को देश छोड़ना पड़ा। वे रोम चले गए। मदर टेरेसा ने 750 वर्ष पुरानी यह कहानी पढ़ी तो उन्हें लगा कि सेंट फ्रांसिस इतनी विपरीत परिस्थितियों में जब विदेश में रहकर गरीबों, अनाथों और बीमारों की सेवा कर सकते हैं तो मैं क्यों नहीं? उन्होंने मानव सेवा का व्रत ले लिया।

मदर टेरेसा पर फ्लोरेंस नाइटिंगेल का प्रभाव

एग्नेस गोक्सा बोजाक्षिया का जन्म उसी वर्ष हुआ था जिस वर्ष 'लेडी विद द लैंप' के नाम से मशहूर हुई फ्लोरेंस नाइटिंगेल की मृत्यु हुयी थी। घायल सैनिकों की सेवा के लिए विश्व भर में अपनी छाप छोड़ने वाली फ्लोरेंस नाइटिंगेल की मृत्यु के बाद जन्मी इस अल्बानियन लड़की को पुर्नजन्म में विश्वास रखने वाले विद्वान् फ्लोरेंस नाइटिंगेल का दूसरा जन्म मानते हैं।

पूर्वजन्म की बात को सही प्रमाणित नहीं किया जा सकता परन्तु यह सच है कि पीड़ितों के प्रति जैसी करुणा फ्लोरेंस नाइटिंगेल के दिल में थी, ठीक वैसी ही करुणा एग्नेस से मदर टेरेसा बनी इस अल्बानियन स्त्री में देखने को मिली।

1914 में प्रथम विश्व युद्ध शुरू हुआ था। उस समय बच्ची एग्नेस केवल 4 वर्ष की थी। अगले वर्ष उथल-पुथल से भरे थे। एग्नेस के परिवार पर भी युद्ध का प्रभाव पड़ा। इस प्रभाव से यह बालिका अछूती नहीं रही होगी।

पिता की मृत्यु और दुख के दिन

मात्र 7 वर्ष की आयु में एग्नेस के ऊपर से पिता का साया उठ गया। संवेदनशील हृदय वाली बालिका एग्नेस इस घटना से दहल गई। उसके दिल पर लिख गया–ये रिश्ते-नाते सब झूठे हैं। संसार दुःख से भरा है। असुरक्षा और अभावों से भरे इस संसार को करुणा चाहिए।

एग्नेस की एक बहन थी और एक भाई। दोनों एग्नेस से बड़े थे। एग्नेस सबसे छोटी थी। भाई का नाम लजार था। एग्नेस को दोनों बहुत प्यार करते थे परन्तु उनके स्वभाव एग्नेस से भिन्न थे। भाई लजार को मिठाइयां बहुत अच्छी लगती थीं। चॉकलेट, पेस्ट्री, केक आदि के लिए वे सदैव ललचाते रहते थे। मां जब सोने चली जाती तो वे चोरी-छिपे रसोई में घुस जाते और मिठाइयां खाते थे। मां एग्नेस को प्यार से 'गोंझा' कहती थी। गोंझा का अर्थ होता है अनखिला फूल अर्थात् कली। गोंझा उनके चोरी के काम में शामिल नहीं होती थी। गोंझा के मन में सदैव मां के कहे हुए शब्द उनके संज्ञान में हमेशा विद्यमान रहते थे। मां ने कहा था–जो काम छिपकर किया जाता है, वह गलत है, वह पाप है। ईश्वर अपनी हजारों आंखों से सदा सब को देखता रहता है।

गोंझा पाप नहीं करना चाहती थी, अतः चोरी में शामिल नहीं होती थी, परन्तु वह बड़े भाई और बहन की चोरी के बारे में भी मां को नहीं बता सकती थीं। जब वह मां से शिकायत करना चाहती तभी मां के कहे हुए ये शब्द उसके जहन में तैर जाते थे ''किसी की शिकायत लगाना बुरी आदत है, जो शिकायत लगाते हैं, वे गंदे बच्चे होते हैं।''

पिता की मृत्यु के बाद एग्नेस के परिवार पर बड़ा संकट आ गया। एग्नेस के पिता ठेकेदारी का काम करते थे। उनकी आय बहुत अच्छी थी। उन्होंने यूगोस्लाविया के स्कोपजे नगर में एक थियेटर का निर्माण कराया था जो आज भी मौजूद है। परिवार के पास अपना मकान था' पिता की मृत्यु के बाद उनके

साझीदार ने बेईमानी से सारा पैसा हड़प लिया और परिवार पर संकट आ गया। एग्नेस की मां कशीदाकारी के काम में कुशल थीं। उन्होंने अपने तीनों बच्चों का पालन-पोषण इसी कला के सहारे किया। पिता को खोकर, मां के संघर्षमय जीवन को देखकर एग्नेस छोटी उम्र में ही गंभीर हो गईं थी। उसके मन पर यह छाप पड़ गई थी कि जीवन फूलों-सा कोमल नहीं है। संघर्षशील जीवन से गोंझा को एक प्रेरणा मिली।

घर का त्याग

मदर टेरेसा से 400 वर्ष पहले स्पेन की एक लड़की टेरेसा ने अपना घर-बार त्याग कर संन्यासी जीवन चुना था। लम्बे समय तक वे सेवा कार्य और साधना में लगी रहीं। कारनेल मठ में अपने साथ रहने वाले गृह त्यागी संत व बाइयों से उनकी पटरी न बैठ सकी और 47 वर्ष की आयु में उन्होंने स्थानीय पादरियों का विरोध सहते हुए स्पेन के आडिला नगर में अपना मिशन बनाया। उन्होंने इस नए मिशन में केवल चार साथियों को शामिल किया था।

उस समय स्पेन में धर्म की प्रधानता थी। धर्मांध लोगों का विरोध सहते हुए उन्होंने सत्य का प्रचार किया। मानव मात्र की सेवा को उन्होंने सन्तों का धर्म बताया और अनाथों तथा गरीबों की सेवा में अपने मिशन को लगा दिया।

मदर टेरेसा के नाम से विख्यात होने वाली युवती एग्नेस ने भी 18 वर्ष की आयु में अपना घर छोड़ दिया और वे मिशनरी बन गईं। सन्त टेरेसा के जीवन से प्रभावित होकर एग्नेस ने अपना नाम टेरेसा रखा। भारत की धरती पर मां का जो सम्मान होता है और मां के दिल में जो ममता होती है उसे देखते हुए उन्होंने मदर कहलाने में नारी की गरिमा का अहसास किया। कोई उन्हें सन्त टेरेसा का पुनर्जन्म कहे तो गुणसाम्य के आधार पर उसे इसका अधिकार है। सच्चाई तो यह है कि एग्नेस ने संत टेरेसा के जीवन से प्रेरणा ली थी। यह कोई साधारण कार्य नहीं है, कि उन्होंने भी 18 वर्ष की आयु में घर छोड़ा और मानव सेवा के नाम अपना पूरा जीवन लिख दिया।

भारत आगमन

सिस्टर टेरेसा तीन अन्य सिस्टरों के साथ आयरलैंड से एक जहाज में बैठकर 6 जनवरी, 1929 को कोलकाता में 'लोरेटो कॉन्वेंट' पंहुचीं। वह बहुत ही अच्छी

अनुशासित शिक्षिका थीं और विद्यार्थी उन्हें बहुत प्यार करते थे। वर्ष 1944 में वह सेंट मेरी स्कूल की प्रधानाचार्या बन गईं। मदर टेरेसा ने आवश्यक नर्सिंग ट्रेनिंग पूरी की और 1948 में वापस कोलकाता आ गईं और वहां से पहली बार कोलकात गईं, जहां वह गरीब बुजुर्गों की देखभाल करने वाली संस्था के साथ रहीं। उन्होंने मरीजों के घावों को धोया, उनकी मरहमपट्टी की और उनको दवाइयां दीं। सन् 1949 में मदर टेरेसा ने गरीब, असहाय व अस्वस्थ लोगों की मदद के लिए 'मिशनरीज ऑफ चैरिटी' की स्थापना की, जिसे 7 अक्टूबर, 1950 को रोमन कैथोलिक चर्च ने मान्यता दी। इसी के साथ ही उन्होंने पारंपरिक वस्त्रों को त्यागकर नीली किनारी वाली साड़ी पहनने का फैसला किया।

मदर टेरेसा जब कोलकाता की यात्रा पर आयी थीं उस समय उनकी उम्र 15 वर्ष थी। शरीर और संवेदनशील किशोरी एग्नेस किशोरावस्था को लांघ युवावस्था की ओर बढ़ रही थी। नगर के सरकारी स्कूल में पढ़ने वाली यह लड़की सांस्कृतिक गतिविधियों और मानवता से जुड़े कार्यों में सदा आगे दिखाई पड़ती थी। अपनी इसी सक्रियता के चलते वह 'सोडालिटी' की सदस्य बन चुकी थी और मिशनरी भावना से ओत-प्रोत थी।

1925 में यूगोस्लाविया के जेसुइटों ने कोलकाता में मिशनरी कार्य करने की योजना बनाई। इसी वर्ष दिसम्बर में जेसुइटों का पहला दल भारत भेजा जाना था। एग्नेस बोनास्क्यू ने अपना नाम इस दल में शामिल कराना चाहा और वह भारत की धरती देखने के स्वप्न देखने लगी, परन्तु उसकी आयु उस समय इतनी कम थी कि उसे भारत आने की अनुमति नहीं मिली।

30 दिसम्बर 1925 में यह दल कोलकाता आया। इस दल के एक जेसुइट को कर्सियांग भेजा गया। इस जेसुइट का काम बंगाल मिशन फील्ड के बारे में यूगोस्लाविया को पत्र लिखना था। पत्रों के माध्यम से यूगोस्लाविया में यह जानकारी पहुँचने लगी कि बंगाल मिशन में सेवा कार्य की भारी आवश्यकता है। कोलकाता के दुख-दर्दों और मानवीय संवेदना के क्षेत्रों की जानकारी पत्रों के माध्यम से यूगोस्लाविया पहुंचने लगी। सोडालिटी के सदस्यों को यह चिट्ठियां पढ़वाई जाती थीं। चिट्ठियों से एग्नेस को यह जानकारी मिली कि कोलकाता का एक वर्ग पिछड़ा हुआ है, उसे सेवा की जरूरत है। कोलकाता में सेवा करने के लिए एग्नेस बोनास्क्यू ने अपनी इच्छा जतायी। जीवन के 17 वर्ष पूरे करते ही 'सोडालिटी' ने इस उत्साही लड़की का सम्पर्क आयरलैंड की संन्यासिनियों से करा दिया। एग्नेस बोनास्क्यू ने संन्यासिनियों पर लगातार दबाव डाला कि उसे सेवा कार्य के लिए भारत भेजा जाए।

भारत जाकर सेवा का काम करना उसके जीवन का सबसे प्रिय स्वप्न है, उसे पूरा करने का उसे अवसर दिया जाए।

29 नवम्बर 1928 को एग्नेस अपनी शिक्षा त्याग कर संन्यासिनी का जीवन बिताने के लिए लोरेटो आर्डर पहुँची। लोरेटो में मिशनरी भावना से सराबोर इस भावुक लड़की ने संत टेरेसा के जीवन से प्रेरणा लेते हुए अपना नाम बदल कर 'टेरेसा' रख लिया। 'टेरेसा' नामधारी समर्पित संन्यासिन के रूपे में एग्नेस मिशन में जुड़कर अध्यापन कार्य शुरू कर दिया।

एक वर्ष लौरेटो में शिक्षण कार्य का अभ्यास करने के बाद 1929 में 'टेरेसा' कोलकाता पहुँची। कोलकाता के इंटाली क्षेत्र में सेंट मेरी हाई स्कूल में 'टेरेसा' को पढ़ाने का काम सौंप दिया गया। 1937 में टेरेसा ने जीवन भर 'नन' के रूप में रहने का प्रण लिया। उस समय उनकी आयु 27 वर्ष थी।

जन सेवा का निश्चय

सन् 1981 में एग्नेस ने अपना नाम बदलकर टेरेसा रख लिया और उन्होंने आजीवन सेवा का संकल्प अपना लिया। उन्होंने स्वयं लिखा है—वह 10 सितम्बर 1940 का दिन था जब मैं अपने वार्षिक अवकाश पर दार्जिलिंग जा रही थी। उसी समय मेरी अन्तरात्मा से आवाज उठी थी कि"मुझे सब कुछ त्याग कर देना चाहिए और अपना जीवन इश्वर एवं दरिद्र नारायण की सेवा कर के कंगाल तन को समर्पित कर देना चाहिए।

कोलकाता में दीन-दुखियों की सेवा करने के लिये 10 सितम्बर 1946 टेरेसा ने अपने शिक्षिका पद को छोड़ दिया। इसीलिए इस दिन को 'डे ऑफ डिसीज़न' कहा जाता है। इसी वर्ष 'टेरेसा' का स्वास्थ्य कुछ गिर गया था। क्षय रोग की आशंका हुई और उन्हें इलाज के लिए दार्जिलिंग भेजा गया। दार्जिलिंग जाते समय टेरेसा को ईसा मसीह से दीन-दुखियों की सेवा में जीवन बिताने की प्रेरणा मिली थी।

बिना भेदभाव के सेवा कार्य

मदर टेरेसा में जातिगत भेदभाव बिल्कुल नहीं था। वे हर वर्ग के लोगों की सेवा करती थीं। उन्होंने सद्भाव बढ़ाने के लिए संसार का दौरा किया। उनकी मान्यता है कि प्यार की भूख रोटी की भूख से कहीं बड़ी है। उनके मिशन से प्रेरणा लेकर संसार के विभिन्न भागों से स्वयं-सेवक भारत आये तन, मन, धन से गरीबों की सेवा में लग गये। मदर टेरेसा का कहना है कि सेवा का कार्य एक कठिन कार्य

है और इसके लिए पूर्ण समर्थन की आवश्यकता है। वही लोग इस कार्य को संपन्न कर सकते हैं जो प्यार एवं सांत्वना की वर्षा करें, भूखों को खिलायें, बेघर वालों को शरण दें, दम तोड़ने वाले बेबसों को प्यार से सहलायें, अपाहिजों को हर समय हृदय से लगाने के लिए तैयार रहें।

मदर टेरेसा नीले किनारे वाली साड़ी क्यों पहनती थीं?

10 सितम्बर, 1946 को दरिद्र नारायण की सेवा में अपना जीवन लगा देने का संकल्प लेने के बाद 'टेरेसा' ने रोम स्थित उच्चाधिकारियों के कार्यालय में अपना प्रार्थना पत्र भेजा। प्रार्थना पत्र मंजूर कर लिया गया और टेरेसा को कोलकाता जाकर दीन-दुखियों की सेवा में अपना पूरा जीवन लगाने की अनुमति मिल गई।

18 अगस्त, 1948 को उन्होंने अपने नाम में 'मदर' शब्द जोड़ लिया। अब वे 'मदर टेरेसा' बन गईं। इसी दिन उन्होंने लोरेटो के वस्त्र उतार दिए। भारत में मैला ढ़ोने वाली और सफाई का काम करने वाली अछूत महिला का पारंपरिक वस्त्र नीली किनारी वाली सफेद धोती धारण कर ली। नीली किनारी की धोती को अपने मिशन की पोशाक के रूप में चुनने के पीछे 'मदर टेरेसा' का उद्देश्य यह था कि वे सेवा कार्य के लिए भारत की उस स्त्री को आदर्श मानती हैं जो श्रम-संस्कृति की परिचायक है और सबसे छोटा काम करने में भी संकोच नहीं करती, फिर भी भारतीय समाज में उसके प्रति घृणा और अपेक्षा का भाव है। भारत की सबसे निम्न कोटि की महिला पोशाक का सम्मान दिलाने का मन में प्रण ठान लिया था।

मदर टेरेसा को इसी पोशाक ने नोबेल पुरस्कार दिलवाकर उनका सपना पूरा किया। सबसे कम कीमत की और अति साधारण धोती को अपनी पोशाक बनाते समय मदर ने भारत के राष्ट्रपति महात्मा गांधी के जीवन से भी प्रेरणा ली थी। गांधी जी ने स्वाधीनता आंदोलन का नेतृत्व करते समय तथा अछूत प्रथा के खिलाफ अभियान चलाते समय देश के अति साधारण और दरिद्रतम व्यक्ति की पोशाक (घुटनों तक की धोती और पैरों में सस्ती-सी चप्पल) चुनी थी। देश के आम आदमी के प्रतीक के रूप में गांधी जी जहां भी जाते थे, लोग उनका बहुत आदर करते थे।

आलोचना

कई व्यक्तियों, सरकारों और संस्थाओं के द्वारा उनकी प्रशंसा की जाती रही है, यद्यपि उन्होंने आलोचना का भी सामना किया है। इसमें कई व्यक्तियों, जैसे

क्रिस्टोफर हिचेन्स, माइकल परेंटी, अरूप चटर्जी (विश्व हिन्दू परिषद्) द्वारा की गई आलोचना शामिल हैं, जो उनके काम (धर्मान्तरण) के विशेष तरीके के विरुद्ध थे। इसके अलावा कई चिकित्सा पत्रिकाओं में भी उनकी धर्मशालाओं में दी जाने वाली चिकित्सा सुरक्षा के मानकों की आलोचना की गई और अपारदर्शी प्रकृति के बारे में सवाल उठाए गए, जिसमें दान का धन खर्च किया जाता था।

2

मानव सेवा का कार्य

मदर के महान कार्यों में कुष्ठ रोगियों के लिए किये गये कार्यों का एक महत्वपूर्ण स्थान है। एक बार सन् 1950 में जानकी नामक एक औरत मदर टेरेसा से मिलने आयी। इस औरत को कुष्ट रोग हुआ था। इसी कारण परिवार वाले उसका आपमान किया करते थे। वह एक रानी परिवार से थी क्योंकि उसके शरीर पर कीमती आभूषण थे। उन दिनों कलकत्ता में कुष्ठ रोगियों की संख्या में काफी वृद्धि हो गयी थी। अधिकतर कुष्ठ रोगी हुगली नदी के किनारे पड़े रहते थे।

मदर टेरेसा की संख्या कुष्ठ रोगियों की सेवा करने के पक्ष में थी परन्तु उसके पास धनाभाव था। मदर अपनी सहयोगी सिस्टर्स को लेकर उन लोगों के पास हुगली नदी के तट पर जाती थीं तथा उनकी मरहम-पट्टी और सेवा करके वापस कलकत्ता लौट आती थीं। उन रोगियों के लिये जगह को लेकर मदर बहुत परेशान थीं। एक दिन वे इसी सोच में बैठी हुई थीं, अचानक जानकी रोती हुई उनके पास आयी और बोली–"मदर, मैं घर जाना चाहती हूं। मुझे अपने बच्चों की याद सता रही है।"

मदर ने कहा कि "मैं तुम्हारे परिवार वालों से बात कर चुकी हूं, वे तुम्हें घर नहीं रखना चाहते।" यह बात सुनकर जानकी को बहुत दुःख हुआ।

टीटागढ़ में मदर ने एक जगह देखी। यह जगह उन्हें महिला कुष्ठ रोगियों के लिये पसन्द आ गयी और उन्होंने वहां उनका आवास बना दिया। जानकी भी वहां रहने लगी, किन्तु वह अपने घर जाने की जिद करती रही। कुछ दिनों बाद अन्य रोगियों के साथ जानकी भी घुल-मिल गयी और घर जाने की बात वह भूल गयी।

मदर टेरेसा द्वारा बनवाये गये आवास में दिनोंदिन कुष्ठरोगियों की संख्या में वृद्धि होती जा रही थी, इसी कारण मदर ने कुष्ठ रोगियों का एक अस्पताल बनवाया जिसमें रोगियों के भोजन से लेकर रहने तथा इलाज की समुचित व्यवस्था थी। उनका इलाज मुफ्त हो रहा था। अस्पताल की सिस्टर्स भी वहीं रहती थीं। जो रोगी ठीक

होते जा रहे थे, उन्हें मदर हथकरघा चलाना सिखा रही थीं, जिससे वे रोगी मेहनत करके अपना पेट पाल साके और आत्म-निर्भर बन सके।

हथकरघा से होने वाली आमदनी को मदर ने उसे रोगियों में बराबर बांट देती थी, किन्तु उनकी आवश्यकतायें बढ़ती ही जा रही थीं। वे मदर से तरह-तरह की मांग करने लगे थे। मांग पूरी न होने पर वे मदर के विरूद्ध आवाज उठाने लगे थे। उन्होंने अपना लीडर भी चुन लिया था। लीडर मदर के विरूद्ध भाषण देने लगा। उनके नेतृत्व में सभी रोगियों ने सिस्टर्स का घेराव किया। जब ये सूचना मदर के पास पहुंची तो वे दौड़ी-दौड़ी आयीं। रोगियों का विरोध देखकर उन्हें काफी मानसिक चोट पहुंची।

मदर टेरेसा विद्रोह करने वाली औरतों से बोली कि "यदि आप लोग होम के नियमों का पालन नहीं कर सकते तो आप इसे छोड़ कर जा सकते हैं। अशिष्ट लोगों की हमें कोई आवश्यकता नहीं है।"

मदर की बात सुनकर सभी विद्रोही शान्त हो गये और वे होम छोड़कर नहीं गये। पूरी रात मदर होम में ही रहीं। सुबह होने पर वे फिर से रोगियों के पास जाकर बोलीं—"दोषी लोग स्वयं क्षमा मांग लें, तभी उन्हें होम में रहने दिया जायेगा।" इतना कहने पश्चात् मदर प्रार्थना भवन में जाकर बैठ गयीं। विरोध करने वाले लोगों को झुकना पड़ा। वे रोते हुए मदर से माफी मांगने लगे।

मदर टेरेसा एक दयावान महिला थी, उनको विद्रोहियों पर दया आ गयी और उन्होंने उन्हें माफ कर दिया तथा स्नेहपूर्वक अपना लिया। उसी दिन से मदर ने उस होम का नाम 'गाँधी प्रेम निवास' रख दिया। इस नाम को रखने का प्रमुख कारण यह था कि मदर गाँधी जी से कभी मिल नहीं पायी थीं। इसीलिये सच्ची श्रद्धांजलि के फलस्वरूप उन्होंने अपने होम का नाम गाँधी जी के नाम के साथ जोड़ दिया।

मदर टेरेसा निष्ठावान तथा सच्चाई की प्रतिमूर्ति थी जिसके सामने बड़े-बड़े लोगों को अपने फैसले बदल देने पड़ते थे।

मदर ने एक दिन एक औरत को बेहोशी के अवस्था में पाया। उस औरत के कपड़े फटे हुए थे तथा सांस धीमे-धीमे चल रही थी। मदर ने किसी तरह उसे रिक्शे में लिटाया तथा उसे सरकारी अस्पताल ले गयीं। अस्पताल पहुंचने पर उन्हें पता चला कि वहां कोई भी बेड खाली नहीं है।

उसके बाद मदर ने अस्पताल के एक अधिकारी के पास गयी उससे कहने लगी कि —"आप इसे जमीन में लिटा दें और इलाज शुरू करें।"

अधिकारी बोला— "यहां जगह खाली नहीं है, इसलिये हम इसका इलाज नहीं कर सकते।"

अधिकारी से मदर ने कहा—"इसकी स्थिति बड़ी नाजुक है, कृपया इस पर रहम करें।"

अधिकारी थोड़ा गरम दिमाग से बोला— "मैंने आपसे कहा न—कि यहां पर जगह खाली नहीं है।"

मदर ने कहा—"अगर इसे कुछ हो गया, तो?"

अधिकारी बोला—"तो हो जाने दो, नगर महापालिका वाले इसका अन्तिम संस्कार तो कर ही देंगे।"

"आप मुझे माफ करें।" कहकर अधिकारी वहां से चला गया। मदर उस स्त्री को अपनी गोद में लिये अस्पताल के बाहर बैठी रहीं। शाम को वह अधिकारी बाहर आया तो उसने मदर को वहीं बैठा पाया। मदर की निष्ठा के सामने उस अधिकारी को झुकना ही पड़ा और अन्त में उसने जमीन पर गद्दो बिछवाकर उस स्त्री को उस पर लिटवाया तथा उसका इलाज करने लगा। किन्तु होनी को कुछ और ही मंजूर था। वह अधिकारी उस स्त्री को बचा न सका। मदर की गोद में उस स्त्री का प्राण निकला गया।

मदर की संस्थाएं

आज भारत ही नहीं बल्कि पूरे विश्व में मदर की संस्था "मिशनरीज ऑफ चैरिटी" विस्तृत रूप से कार्यरत है, पूरे विश्व में इस संस्था के लगभग छः सौ शाखा स्थापित किये जा चुके हैं तथा करीब चार हजार सिस्टर्स सेवा कार्य कर रही हैं। कहने को तो ये सिस्टर्स विभिन्न धर्मों तथा विभिन्न देशों की हैं, परन्तु इन्होंने सभी धर्मों को छोड़कर "मानव सेवा का धर्म" अपना लिया है।

मदर की इस संस्था में बालिग होने के बाद ही सिस्टर्स की नियुक्ति की जाती है। इस संस्था में अपने नियम तथा कानून होते हैं और इसे बड़े सख्ती के साथ पालन किया जाता है।

इस संस्था में उस लड़की को सेवा के योग्य समझा जाता है जिस लड़की के हृदय में मानव सेवा करने की ललक होती है। सेवा कार्य के लिये अपने व्यक्तिगत सुखों का त्याग करना पड़ता है, इसी वजह से यह कार्य बड़ा कठिन तथा चुनौतियों से भरा माना जाता है। अपने स्वास्थ्य की ओर सिस्टर्स को विशेष ध्यान देना होता है। उन्हें अपने मन तथा मस्तिष्क को शान्त रखना होता है। जिस क्षेत्र में उन्हें कार्य करना होता है, उस क्षेत्र की भाषा सीखनी पड़ती है। ये अपने कार्य में हमेशा मीठी बोली का प्रयोग करती हैं। उनके अन्दर सही निर्णय लेने की क्षमता होनी चाहिये।

एक सिस्टर में ये सभी गुण विद्यमान होने चाहिए तभी वह अपने दायित्वों को ठीक ठंग से निभा सकती है। उन्हें अपने पिछले जीवन को भूलकर एक नये जीवने में प्रवेश करना होता है। वे अपने नाम को बदलकर किसी संत का नाम रख सकती हैं। यह संस्था किसी को मानव सेवा के लिये बाध्य नहीं करती है। सभी सिस्टर्स अपनी इच्छा से इस कार्य क्षेत्र में आती हैं। मदर की संस्था ने समाज के जो प्रमुख नियम बनाये हैं इसे निम्न प्रकार स्पष्ट किया गया है, "सेवा-सहायता उसकी करो जो निर्धन हो, रोगी हो तथा जो जीवन-मृत्यु से जूझ रहा हो। बच्चों को पढ़ाओ। यह भी एक प्रकार का सेवा कार्य ही है।"

संस्था की शाखा 'निर्मल हृदय' में भिखारियों की सेवा की जाती है, कोढ़ियों की सेवा 'प्रेमदान' में की जाती है। जिन्हें धर्म का ज्ञान नहीं है, उन्हें ईश्वर के विषय में बताया जाता है। सिस्टर्स को प्रशिक्षित करने का कार्य तीन चरणों में किया जाता है। उन्हें नीले किनारे की सफेद सूती साड़ी पहनने को मिलती है। इस साड़ी से उन्हें अपने सिर को ढांकना आवश्यक होता है। जाड़े के दिनों में उन्हें पहनने के लिये नीले रंग का स्वेटर मिलता है तथा ओढ़ने को काले रंग की शॉल।

सिस्टर्स को हर दिन सुबह पांच बजे से पहले उठना पड़ता है। सभी सिस्टर्स छः बजे चैपल में 'होलीमास' में उपस्थित होती हैं। पौने सात बजे उन्हें नाश्ता मिलता है। सवा सात बजे उन्हें कपड़े की धुलाई तथा अन्य घरेलू कार्य करने होते हैं। 8 बजे से 12 बजे के बीच सभी सिस्टर्स अपने क्षेत्र की गलियों में घूमकर गरीब लोगों की सेवा कार्य में लग जाती हैं। यहां वे रोगियों को दवाइयां भी देती हैं। बारह बजे के बाद वे दोपहर का भोजन करती हैं। फिर सवा एक बजे उनकी संक्षिप्त प्रार्थना होती है। डेढ़ बजे से दो बजे के बीच उन्हें आराम करने का समय मिलता है। इसके पश्चात् दो बजे वे अपनी इच्छानुसार धार्मिक पुस्तकों का अध्ययन करती हैं। ढ़ाई बजे से छः बजे तक वे सिस्टर सुपीरियर के आदेश पर सेवा कार्य करती हैं। सवा छः बजे चर्च में सामूहिक प्रार्थना होती है। इसके पश्चात् उनकी व्यक्तिगत प्रार्थना होती है। रात के साढ़े सात बजे वे भोजन ग्रहण करती हैं। रात के दस बजे वे सोने जाती हैं। एक कमरे में दो-चार सिस्टर्स साथ में सोती हैं। इस प्रकार उनकी पूरी दैनिक कार्य समाप्त होती है।

बेसहारों की मदद के लिए जद्दोजहद

मदर ने मृत्यु से जूझते रोगियों की सेवा करने का प्रण किया। इसके लिये वह उचित स्थान की खोज करने में जुट गयीं। एक दिन मदर टेरेसा नगरपालिका

के कार्यालय पहुंचीं। वहां का अधिकारी बड़ा ही दयालु था। जिसका नाम डॉ. अहमद था। मदर ने अहमद से सहयोग की इच्छा व्यक्त की।

डॉ. अहमद ने पूछा–"किस प्रकार का सहयोग चाहिए?"

नम्रता पूर्वक मदर अहमद से बोली–"डॉ. साहब, फुटपाथ पर रोगियों की संख्या बढ़ती जा रही है। जगह की समस्या के कारण मैं उनकी सेवा नहीं कर पा रही हूं। अब तो आप ही बतायें कि मैं उनकी सेवा किस प्रकार करूं?"

डॉ. अहमद ने कहा–"मैं जिस काबिल भी हूं, आपकी सहायता अवश्य करूंगा। बताइए, क्या कर सकता हूं?"

मदर ने कहा–"मुझे जगह दिलवा दीजिये जिससे मैं उस जगह पर रोगियों की सेवा कर सकूं।"

अहमद ने कहा–"जगह के बाद आपको साधनों की आवश्यकता पड़ेगी। इलाज कैसे करेंगी आप?"

मदर ने कहा कि–"मेरे पास इलाज के साधन उपलब्ध हैं, केवल जगह की आवश्यकता है।"

डॉ. अहमद ने कहा–"मदर एक जगह मेरी निगाह में है। कहने को तो वह एक धर्मशाला है, किन्तु अराजक तत्वों ने उस धर्मशाला को बदनाम कर रखा है। अगर आप चाहें तो उसमें रोगियों की सेवा कर सकती हैं। वह जगह काली घाट मंन्दिर के पास है।"

मदर ने कहा–"बस, आप आदेश कर दें। मैं कल से ही वहां रोगियों का उपचार आरम्भ कर दूंगी।"

डॉ. अहमद ने धर्मशाला के दो बड़े हॉल मदर को दे दिये।

धर्मशाला का दो हॉल मिलने के बाद मदर ने उसमें रोगियों का उपचार करना प्रारंभ कर दिया। उस जगह का नाम उन्होंने 'निर्मल हृदय' रखा। फुटपाथ पर रहने वाले रोगी वहां लाये जाने लगे। कुछ दिनों बाद वहां के स्थानीय लोगों ने मदर का विरोध करना आरम्भ कर दिया कि मदर सेवा के बहाने ईसाई धर्म का प्रचार कर रही हैं।

जब यह खबर डॉ. अहमद को मिली तो वे तुरन्त पुलिस कमिश्नर से मिले। कमिश्नर को लेकर वे 'निर्मल हृदय' जा पहुंचे। धर्मशाला का पंडित भी उनके साथ था। तीनों लोग हॉल के अन्दर पहुंचे। हॉल में रोगी दर्द से कराह रहे थे। मदर एक रोगी के जख्मों को साफ कर रही थीं। बाहर उनके विरोधी नारे लगा रहे थे। हॉल के अन्दर बड़ी तेज बदबू आ रही थी। पंडित इस बदबू को सहन नहीं कर सका और अपनी नाक को रूमाल से ढक लिया।

पण्डित से कमिश्नर ने कहा–"अगर तुम्हें यह जगह चाहिए, जो नाक से रूमाल हटाकर यहां आना पड़ेगा।"

धर्मशाला का पंडित कमिश्नर की बात सुनकर शर्मिंदा हो गया। कमिश्नर महोदय वहां से चले गये। जाने से पहले उन्होंने मदर के विरोधियों को बता दिया कि मदर यहीं रहेंगी। कोई भी उनका विरोध करने की कोशिश न करें।

मदर के विरोधी कमिश्नर की बात सुनकर चुप हो गये और अपने-अपने घरों को लौट गये।

कुष्ठ रोगियों के पुनर्वास हेतु कार की नीलामी

मदर टेरेसा को एक बार एक आदमी एक कार उपहारस्वरूप भेंट दी। पहले तो मदर इस कार को लेने से हिचकिचाती रहीं, किन्तु बाद में उन्होंने कार स्वीकार कर ली, क्योंकि वह उस व्यक्ति के प्रति अगाध श्रद्धा रखती थीं। बाद में उन्होंने उस कार को नीलाम करने की योजना बनायी। यह बात मदर के सिद्धान्त के खिलाफ थी कि वे अपने निजी जीवन में उस कार का उपयोग करतीं। तत्कालीन अवधि में उस कार का मूल्य एक लाख रुपये था। लेकिन मदर को उसके बदले पांच लाख रूपये मिले। इतनी बड़ी रकम को उन्होंने कुष्ठ रोगियों के पुनर्वास में लगा दिया। रोगियों को आवास मिल गया। उन्हें वहां देखकर मदर को काफी खुशी मिलती थी।

भिक्षावृत्त रोकने के लिए प्रयासरत

दीन-दुखियों की सेवा करना मदर का पहल कार्य था। इस कार्य के आगे सभी कार्य महत्वहीन थे। वह सभी गरीबों को एक ही तराजू में तौलती थीं। उनके निर्णय से गरीबों का हित होता था। जयपुर मदर का एक होम था। जहाँ रोगियों का सेवा कार्य बड़े पैमाने पर चल रहा था। वहां की स्थिति का जायजा लेने एक दिन मदर जयपुर पहुंचीं। होम के ऊपरी हिस्से पर निर्माण कार्य चल रहा था। ऊपर पचास रोगियों के रहने का प्रबन्ध किया जा रहा था। निर्माण कार्य पूरा होने के पश्चात् उसका उद्घाटन किया गया। पंडित तथा पादरी आदि भी इस अवसर पर उपस्थित थे। पंडित ने श्लोक पढ़े तथा पादरी ने प्रार्थना की। मदर ने निर्धन लोगों को भोजन तथा कपड़े वितरित किये। शाम को मदर चर्च में प्रार्थना के लिये जाने लगीं। अचानक उनकी नजर पर एक अपाहिज लड़की पर पड़ी। वह लड़की अपने पैर घसीटते हुए खिसक रही थी। मदर उसके पास पहुंची और नीचे बैठ गयीं। उन्होंने उस लड़की से पूछा? बेटी तुम्हारा नाम क्या है?

लड़की ने अपना नाम शमुंडी बताया।

मदर ने फिर पूछा—"तुम्हारे मां-बाप क्या करते हैं?"

लड़की ने कहा—"मेरे मां-बाप नहीं हैं।"

मदर ने पूछा— भाई-बहन?"

लड़की ने कहाँ—"भाई-बहन भी नहीं हैं।"

मदर ने कहा—"इस दुनिया में तुम्हारा कोई तो होगा?"

लड़की ने कहा—"मेरा कोई नहीं है। मैं अपाहिज हूं। इसी कारण कोई भी मेरे पास नहीं आता। न जाने आप क्यों मेरे पास आ गयीं!"

मदर ने पूछा— "क्या तुम्हें भूख लगी है?"

लड़की ने उत्तर दिया— "हां। सुबह मुझे ब्रेड मिला था, किन्तु उसे दादा भाई ने खा लिया। अब जो मिलेगा, उसे मैं खाऊंगी।"

मदर ने लड़की से पूछा—"ये दादा भाई कौन है?"

लड़की ने उत्तर दिया—"आप उसे नहीं जानतीं?"

मदर ने जवाब दिया— "नहीं।"

लड़की ने कहां— "वह बड़ा ताकतवर है। मेरी तरह और भी बहुत से अपाहिज उसे भिक्षा में मिले खाद्य पदार्थ देते हैं। इसके बदले में वह हम लोगों को पुलिस से बचाता है। उसके बिना पुलिस वाले हमें परेशान करते हैं।"

मदर ने उस अपाहिज लड़की के हाथ में ब्रेड के चार-पांच पीस रख दिये और बोली "लो, ये ब्रेड खाओ।"

अपाहिज लड़की ने दो पीस खाकर दो पीस बचाकर रख लिये। यह देखकर मदर ने उससे कहा, "इन्हें रखो मत, खा लो।"

लड़की ने उत्तर दिया—"बरसात का मौसम है। मैं इन्हें अभी नहीं खाऊंगी। अगर बारिश हो गयी तो रात को कुछ भी खाने को नहीं मिलेगा। इसे मैं रात को खा लूंगी।"

मदर ने कहा—"क्या तुम मेरे साथ चल सकती हो?"

लड़की ने उत्तर दिया—"चल तो सकती हूं, किन्तु आपका बोझ बढ़ जायेगा।"

इस अपाहिज लड़की को मदर होम में लेकर आयीं और सिस्टर्स से बोलीं—

"आप इस लड़की को भरपेट खाना खिलायें। इसे पहनने को कपड़े दें। आज से यह लड़की यहीं रहेगी। शिशु घर में जो बच्चे हैं, उनके साथ यह अपना समय गुजारेगी।"

मदर की बात सुनकर घबराकर वह लड़की बोली–

"अगर दादा भाई यहां आ गये तो?"

मदर ने उसे तसल्ली देते हुये कहा– "दादा भाई यहां नहीं आ सकते, तुम चिन्ता मत करो।"

उसी दिन से वह लड़की मदर के होम में रहने लगी। कुछ ही दिनों बाद वह वहां घुल-मिल गयी और बिना किसी डर या भय के वहां रहने लगी।

थोड़े में हम यह कह सकते हैं कि मदर टेरेसा एक ऐसी ममता व दया की मूरत थी जो अनेक लोगों का जीवन सुधारने में सफल रही थीं। उनके कार्यों से पूरा विश्व उनसे प्रभावित था। विश्व के करोड़ों लोग उनकी प्रशंसा किया करते थे।

3

मदर्स होम की देश-विदेश में उपलब्धियां

ममता की मूरत कही जाने वाली मदर टेरेसा आज हमारे बीच नहीं है पर उनके सेवा-कार्य इतने चमत्कारी होते थे, जो बड़े-बड़े लोगों को मंत्र-मुग्ध कर देते थे। मदर के सेवा कार्यों का उजागर कलकत्ता से बाहर 'स्टेट्समैन' नामक अखबार ने किया था। इसके पश्चात् कई समाचार-पत्रों के संपादक मदर के संपर्क में आये और उनके सेवा कार्यों का इतिहास प्रकाशित करने लगे।

मदर टेरेसा के इन्टरव्यू देश की प्रमुख पत्रिकाओं में भी प्रकाशित होने लगे थे। ये सभी खबरें बाद में लंदन के प्रमुख चैनल बी.बी.सी. तक पहुंचाई जाने लगीं। चैनल बी. बी. सी. मदर के सेवा कार्यों को पूरे विश्व में प्रसारित किया गया।

तत्कालीन भारत के कई बड़े नगरों व शहरों में 'मदर्स होम्स' स्थापित हो गये थे। एक दिन 'मैलकम मैगरिज' जो बी.बी.सी. ने एक जिम्मेदार अधिकारी थे, कलकत्ता आये। वे मदर की संस्था के फोटोग्राफ खींचना चाहते थे, इसे वे पूरे विश्व में दिखाने की योजना बना रहे थे। रोगियों के कमरों में पर्याप्त प्रकाश नहीं था। कृत्रिम प्रकाश भी उपलब्ध नहीं हो सकता थी। इसी कारण उन कमरों के दृश्यों की फोटो नहीं ली जा सकी। कैमरे की शेष बची हुई रील को किसी प्रकार पूरा किया गया। लंदन पहुँचने के बाद मैलकम ने रील धुलवाई। सारी फोटो बहुत अच्छी आयी थीं। जिन कमरों में अन्धेरा था वहां की फोटो भी अच्छी आ गयी थीं। इस बात को लेकर रहस्य बन गया था कि बिना शूटिंग के तस्वीरें कैसे आ गयीं?

इस विषय को लेकर जब मदर से सवाल किया गया तो वे बोलीं–"वहां तो परमात्मा का प्रकाश है जिससे चारों तरफ प्रकाश बिखरा हुआ है। ईश्वर की सहायता से तस्वीरें इतनी सुन्दर आयी हैं, जो ईश्वर की राह में कार्य करते हैं, यह सहायता उन्हीं लोगों को मिलती है।"

मैलकम ईश्वर को नहीं मानता था परन्तु मदर की बातें सुनने के बाद उसकी अस्था ईश्वर के प्रति काफी बढ़ गयी और ईश्वर का परम भक्त बन गया। उन्होंने आजीवन मदर के कार्यों में अपना सहयोग दिया। मदर के जीवन पर मैलकम ने एक पुस्तक की रचना की जिसमें अंधेरे वाले कमरे की फोटुओं का भी उल्लेख किया गया है।

विश्व के विभिन्न देशों में मदर्स होम की उपलब्धियां

सन् 1971 में इन्दिरा गांधी भारत की प्रधानमंत्री बनी। इस दौरान भारत और पाकिस्तान दोनों देशों के मध्य काफी तनाव था। इन्दिरा गांधी दोनों देशों के बीच

शान्ति की स्थापना करना चाहती थी। लेकिन पाकिस्तान को रवैया में कोई बदलाव नहीं आ रहा है वह पूर्वी पाकिस्तान से बंगालियों को हटाने के लिये अपनी तोपों का मुख भारत की ओर कर दिया था, क्योंकि बंगालियों के नेता मुजीबुर्रहमान पाकिस्तान से अलग बंगलादेश बनाने की मांग कर रहे थे। इसी कारण पाकिस्तान ने उन पर आक्रमण कर दिया था। भारतीय सीमा में भी पाकिस्तान को तोपों की आवाजें सुनाई दे रही थीं। पाकिस्तान, बंगलादेश की मांग कर रहे बंगालियों को समूल से नष्ट करने की पक्ष में था। इसी कारण बंगाली अपनी जान बचाकर भारतीय सीमा में प्रवेश करने लगे थे। वे भारत में शरणागत होना चाहते थे। इन्दिरा जी ने उनके प्रति हमदर्दी दिखायी, क्योंकि वे भी भारतीय ही थे, जो कि पच्चीस वर्ष पूर्व बंटवारे के समय पाकिस्तान भेज दिये गये थे। इन्दिरा गांधी ने इन बंगालियों को भारत में शरणागत होने की इजाजत प्रदान कर दी थी।

अतः पाकिस्तान को यह आभास हुआ कि भारत ने बंगालियों को बंगलादेश बनाने के लिये उकसाया है। बंगाली शरणार्थियों की संख्या भारत में दिनोदिन बढ़ती ही जा रही थी। इस समय इन्दिरा जी के लिये देश के अन्दर घरेलू योजनाओं को आगे बढ़ाना कठिन हो गया था। इसीलिए वे शरणार्थियों के वापस अपने देश जाने की प्रतीक्षा करने लगीं। लेकिन इन लोगों का स्वदेश लौटना असम्भव सा लग रहा था। उनकी संख्या करोड़ों में पहुंच गयी थी, इसी कारण भारत की आर्थिक स्थिति पर भारी बोझ पड़ गया था। उधर पाकिस्तान जो चाहता था, वह हो गया था, उसने अपने देश से हिन्दुओं को निकाल दिया था।

विश्व के तमाम देशों से इन्दिरा गांधी यह बार-बार अपील कर रहीं थीं कि वे पाकिस्तान को ऐसा करने से रोके। बंगलादेश में पाकिस्तान खून की होली खेल रहा था। किन्तु दूसरे देशों पर इन्दिरा जी की अपील का कोई प्रभाव नहीं पड़ा। उलटे पाकिस्तान ने आरोप लगाया कि बंगालियों ने जो बंगलादेश में लोकतन्त्र बनाने की मांग की है, उसके पीछे भारत का हाथ है। ऐसे समय में इन्दिरा जी ने सोचा कि बिना बंगलादेश में लोकतंत्र बने इस समस्या का हल सम्भव नहीं है। शरणार्थियों का कहना था कि वे बंगला देश में लोकतंत्र बने बिना नहीं जायेंगे–चाहे इसमें उन्हें अपनी जान ही क्यों न गँवानी पड़े।

भारत की प्रधानमंत्री इन्दिरा गांधी ने शरणार्थियों के खाने-पीने तथा रहने की उचित व्यवस्था प्रदान कर रही थीं; इसके साथ ही वे आर्थिक विवशता के कारण घबरा भी रही थीं। उन्होंने संयुक्त राष्ट्र संघ से शरणार्थियों को अपनी तरफ से आर्थिक मदद देने की शिफारिस की। किन्तु इसका भी कोई हल नहीं निकला। अंत में

इन्दिरा जी ने सारी दुनिया को झकझोरने का मन बनाया। इसके उपरान्त इन्दिरा गांधी ने यूरोप तथा अमेरिका की यात्रा की।

इस दौरान शरणार्थियों के लिये मदर की संख्या ने अनेक शिविर लगाये जिनमें मदर के सेवाकर्मी शरणार्थियों की सेवा कर रहे थे। कुछ दिनों बाद वहां गन्दगी फैलने के कारण हैजा हो गया। वहां की हवा दूषित हो गयी। शिविरों में शरणार्थी चीखने-चिल्लाने लगे। ऐसी स्थिति में अमेरिकी राष्ट्रपति के भाई 'एडवर्ड कैनेडी' भारत की यात्रा पर आये। उन्होंने कलकत्ता के शरणार्थी शिविरों को देखने की इच्छा जताई। भारत सरकार ने अपने प्रतिनिधियों के साथ उन्हें कलकत्ता रवाना कर दिया।

एडवर्ड के कलकत्ता पहुंचने पर वहां भारी भीड़ जमा हो गयी। एडवर्ड भीड़ को देखकर घबरा गये और वे भारतीय प्रतिनिधियों से बोले कि वे शिविरों को अकेले देखना चाहते हैं।

पैदल चलते हुए एडवर्ड ने शिविरों को देखा। वहां पर हैजे से पीड़ित शरणार्थी भी थे। उनकी चीख-पुकार सुनकर एडवर्ड का दिल भर आया। एडवर्ड ने सिस्टर एग्नेस अर्थात सुभाषिणी को एक रोगी की गन्दगी साफ करते देखा। उसके हाथ गन्दे हो गये थे। उस दृश्य को देख एडवर्ड एग्नेस के पास गये। उन्होंने नतमस्तक होकर अपना हाथ एग्नेस की ओर बढ़ाया, किन्तु एग्नेस ने अपना हाथ उनकी ओर न बढ़ाकर बल्कि पीछे की ओर कर लिया और अपने मधुर बचनों में कहा– "मेरे हाथ गंदे हो गये हैं, सर, मैं आपसे हाथ नहीं मिला सकती।"

एडवर्ड ने सिस्टर से बोले–"नहीं सिस्टर! आपके हाथों से अधिक शुद्ध दुनिया की कोई भी वस्तु नहीं है। आपके इन शुद्ध हाथों से मेरे हाथ मिलें तो यह मेरा सौभाग्य होगा। मेरे हाथों को भी कुछ शुद्धता प्राप्त हो जायेगी।" इसके बाद वे भाव-विभोर होकर सिस्टर के दोनों हाथ थाम लिये और बोले "आपके कार्य सर्वोत्तम हैं। इनका कोई जवाब नहीं है। किसी भी अन्य कार्यों से इनकी तुलना नहीं की जा सकती है। आपकी इस सेवा को मैं कभी भी भूल नहीं पाऊंगा।" इतना कहकर एडवर्ड शिविर से बाहर आ गये। अमेरिका पहुंचकर उन्होंने मदर संस्था की काफी तारीफ की। इसी कारण मदर की संस्था वहां के लोगों के बीच काफी चर्चित हो गयी।

विश्व के विभिन्न देशों में मिशनरीज ऑफफ चैरिटी की स्थापना

भारत में ही नहीं बल्कि विदेशों में भी इस चैरिटी की लोकप्रियता में दिन प्रतिदिन वृद्धि होती जा रही है। विश्व के अनेक देशों से मदर के पास अनेक प्रकार के प्रस्ताव आ रहे थे, किन्तु मदर नम्रतापूर्वक उन प्रस्तावों को अस्वीकारती जा रही

थीं। इसके अतिरिक्त मदर के पास समय की भी कमी थी। विदेशों में संस्था के निर्माण को लेकर मदर टेरेसा के ऊपर दिनोदिन दबाव बढ़ता ही जा रहा था। इसी कारण उन्होंने पोप जॉन पाल के आग्रह पर वेनेजुएला में अपना पहला विदेशी होम स्थापित किया। वहां पर मदर ने अपनी तीन दक्ष सिस्टर्स को सेवाकार्यों के लिये भेजा। भारत के समान वहां के लोग भी गरीब तथा सीधे-साधे थे। सिस्टर्स ने उनके साथ रहना स्वीकार कर लिया। वेनेजुएला में 'स्पेनिश' भाषा को उपयोग में लाया जाता था। इस भाषा को सिस्टर्स ने भी सीखा। जब वेनेजुएला में होम खुला तो उसके बाद कई और विदेशी लोगों ने भी मदर को होम खोलने का निमंत्रण दिया। कई युवतियां भी होम के लिये सेवा करने हेतु आगे आईं और उन्हें कार्य करने का प्रशिक्षण दिया जाने लगा। कड़े प्रशिक्षण के पश्चात् ही युवतियां सफल सिस्टर्स बन पाती थीं। इसके पश्चात् इन्हें सेवा के कठिन कार्य में लगाया जाता था।

सन् 1973 में इजराइल तथा मिस्र के बीच युद्ध चल रहा था। अमेरिका के सहयोग से इजराइल मिस्त्र की सेनाओं को नष्ट कर रहा था, जबकि मिस्र भी पीछे नहीं था। उसे भी कई देशों की सहायता मिली हुई थी, फलतः वह भी इजराइल में खून-खराबा मचाये हुए था। हज़ारों फिलिस्तीनियों ने आक्रमण के डर से अपना घर-बार छोड़ दिया था। रणभूमि में अनेक शिविर लगे हुये थे। मदर ने इन शिविरों में सेवा के लिये अपनी सिस्टर्स को भेजा। इन शिविरों में घायलों की संख्या दिनोदिन बढ़ती ही जा रही थी। सिस्टर्स अपनी ड्यूटी को शिफ्टों मे बांटकर उनकी सेवा में जुटी हुई थीं। एक दिन इजराइली सैनिक शिविरों में घुस आये, उन्होंने सिस्टर्स को अपने दुश्मनों का जासूस समझकर डराने लगे, किन्तु सिस्टर्स नहीं डरीं। सैनिकों ने उनकी तलाशी लेनी चाही, तो वे अपनी तलाशी देने को तैयार हो गयीं। पर तलाशी के दौरान उन्हें यह भय था कि सैनिक कही असभ्य व्यवहार न करें। तभी संस्था का एक कर्मचारी वहां दौड़ता हुआ आया और बोला—"सिपाहियों! आप जिनकी तलाशी ले रहे हैं, वे मदर टेरेसा की सिस्टर्स हैं। आप इन्हें परेशान न करें।"

सैनिक मदर टेरेसा से भली-भांति परिचित थे, वे उनकी सेवाओं से भी वाकिफ थे। इसालिए तलाशी नहीं लिए। "सिस्टर्स, हमें माफ कर दो। हमें अपनी गलती पर अफसोस है।" उनका सेनापति सिस्टर्स से बोला।

इथिओपिया में किए गए जनोपयोगी कार्य

मदर टेरेसा अपने सेवा कार्य के चलते पूरे विश्व में प्रसिद्ध थीं। इसी बीच इथिओपिया में भयंकर अकाल फैल गया था। लोग भूखे-प्यासे मर रहे थे। जब

मदर टेरेसा को वहाँ की स्थिति के बारें में पता चला तो वे तुरन्त इथिओपिया के लिए रवाना हो गईं। वहां की भयंकर स्थिति को देखकर वे रो पड़ीं। वहां पर उन्होंने होम खोलने का विचार किया। कुछ लोगों ने उन्हें बताया कि वहां पर होम की स्थापना करना बहुत मुश्किल है। क्योंकि वहां का बादशाह बड़ा ही क्रूर था। दया और प्रेम की तो उसके हृदय में कही कोई जगह ही नहीं थी। उसे केवल अपने शासन से मतलब था। इससे पहले वह कई धार्मिक संस्थाओं को भी वहां से हटा चुका था।

इस बात का मदर टेरेसा पर कोई प्रभाव नहीं पड़ा वहां पर होम खोलने के लिये उन्होंने दृढ़ता का परिचय दिया। वे एक बार जिस कार्य को करने की ठान लेती थीं, उसे पूरा करके ही मानती थीं। ईश्वर भी ऐसे कार्यों में उनकी सहायता करता था। उन्होंने अपने मिलने वालों से विचार-विमर्श किया कि बादशाह से मुलाकत किस प्रकार की जा सकती है–तो उन्होंने बताया कि वे बादशाह की बेटी सैलासी द्वारा उससे मुलाकात कर सकती हैं।

बड़ी कोशिश के बाद मदर टेरेसा को सैलासी से मिलने का अवसर मिल ही गया। उन्होंने काफी हद तक उसे प्रभावित भी किया। मदर का इसके पीछे कोई स्वार्थ नहीं था। उनका यह सब करने का उद्‌देश्य केवल रोगियों की सेवा करना था। मदर को आश्वस्त करते हुए सैलासी उनसे बोली–

"मैं आपको अपने पिता से मिलाने का पूरा प्रयास करूंगी, किन्तु इसके लिये आपको थोड़ी प्रतीक्षा करनी पड़ेगी।"

मदर टेरेसा अब धैर्य पूर्वक बादशाह से मिलने की प्रतीक्षा करने लगीं। बादशाह के राज्य के नियम-कानून बड़े सख्त थे, किन्तु मदर ईश्वर पर विश्वास करके उसकी अनुभूति की प्रतीक्षा कर रही थीं। अचानक बादशाह का एक व्यक्ति मदर के पास आया। उसका उद्‌देश्य उनसे बातचीत करना था। उसे पता था कि मदर के आने का उद्‌देश्य क्या है?

मदर टेरेसा ने कहा–"मैं यहां पर बीमार, असहाय तथा अपाहिज लोगों की सेवा करने के उद्‌देश्य से आयी हूं।"

इस पर बादशाह के आदमी ने पूछा–"किन्तु आप दवा के लिये धन का प्रबन्ध कहां से करेंगी?"

मदर टेरेसा ने उत्तर दिया–"मुझे बादशाह से सिर्फ सेवा करने की अनुमति चाहिए। बाकी का सारा इन्तजाम मैं कर चुकी हूं। आप उसकी चिन्ता न करें।"

बादशाह के आदमी ने कहा—"बादशाह पहले भी कई संस्थाओं को सेवा-कार्य करने से मना कर चुके हैं, क्योंकि उन संस्थाओं का उद्‌देश्य सेवा की आड़ में धर्म-परिवर्तन करना होता है।"

मदर टेरेसा ने उत्तर दिया—"किन्तु मेरा ऐसा कोई उद्‌देश्य नहीं है। हमारी संस्था मानव सेवा के लिये सम्पूर्ण रूप से समर्पित है। हम लोग तो लोगों को दया तथा मानवता का पाठ पढ़ाना चाहते हैं।"

मदर टेरेसा की बातों से वह व्यक्ति सन्तुष्ट हुआ और प्रसन्न होकर बादशाह के पास पहुंचा। उसने सारी बातें बादशाह से बतायीं। उसकी बातें सुनकर बादशाह ने मदर से मिलने की इच्छा व्यक्त की। मदर को सम्मानपूर्वक दरबार में लाया गया। उन्होंने बादशाह को अपनी सेवा भावना के बारे में बताया।

बादशाह मदर टेरेसा की बातें व कार्यों से काफी प्रभावित हुए और बोले—"हम आपकी भावनाओं का सम्मान करते हैं, आप हमारे राज्य में होम स्थापित कर सकती हैं। मेरे से जितना हो सकेगा, मैं आपको सहयोग प्रदान करूंगा।"

बादशाह की अनुमति से मदर ने वहां होम खोल लिया तथा रोगियों की सेवा की जाने लगी। उन्होंने उस होम का नाम 'हाइले मिशनरीज ऑफ पैरिटी' रखा। एक साल बाद गृह-युद्ध हुआ तथा बादशाह से उसका शासन छीन लिया गया। उसे परिवार के साथ जेल में बंद कर दिया गया। ऐसे में मदर की संस्था पर संकट के बादल मंडराने लगे। काफी प्रयास के बाद मदर बादशाह के परिवार वालों को जेल से मुक्त कराने में सफल हुईं, किन्तु वे बादशाह को मुक्त न करा सकीं, उसकी जेल में ही मृत्यु हो गयी। मदर की संस्था वहां स्थापित रही, क्योंकि नये शासकों द्वारा मदर टेरेसा को हर सम्भव मदद व सहयोग मिलता रहा।

4

भारत में सेवा कार्य

सन् 1980 के दरम्यान हमारे देश में मदर टेरेसा का नाम बहुत चर्चित था। मदर टेरेसा ने समाज सेवा की, ऐसी सेवा हर कोई नहीं कर सकता। मदर टेरेसा का कोलकाता में एक आश्रम था। उस आश्रम में वे बीमार लोगों को ले आती थीं और उनकी चिकित्सा करती थीं।

वे बेसहारा लोग कौन थे? जो लोग बेघर थे और सड़क पर रहने लगे। उनको न खाना मिलता था न पानी, फिर वे बीमार पड़ गए। उन्हें न दवाई मिल रही थी न कोई साधन। अंततः वे सड़क पर ही बेसहारा अवस्था में दम तोड़ रहे थे। ऐसे बेसहारा लोगों की सेवा के लिए मदर टेरेसा ने बहुत कष्ट उठाये।

अमेरिका की एक पत्रिका के दिसम्बर अंक में एक विदेशी पत्रकार ने मदर टेरेसा का साक्षात्कार प्रकाशित किया। पत्रकार ने मदर टेरेसा से प्रश्न किया -"आप हिंदुस्तान में रहती हो तो पश्चिम के देशों के बारे में आपकी क्या राय है?"

मदर टेरेसा ने उत्तर दिया– "पश्चिम की महिला अपनी संतान को जन्म देने से पहले ही मार देती हैं तो इससे अधिक पश्चिम में बचा ही क्या है?"

पत्रकार ने एक और प्रश्न किया–"आप हिंदुस्तान के बारे में क्या समझती हैं?"

मदर टेरेसा ने उत्तर दिया–"मैं सभी धर्म के लोगों से प्रेम करती हूँ।"

पत्रकार ने एक और प्रश्न किया–"आप के लिए सबसे अधिक आनंदित स्थान कौन सा है, जहाँ आप बार– बार जाकर खुशी महसूस करती हैं?"

मदर टेरेसा ने उत्तर दिया–"मुझे कालीघाट पसंद है, जहाँ खुशी के लिए खुशी से जीते हैं। यह बहुत सुन्दर विचारधारा है कि भारत देश के गरीब लोग अपने परिवार के साथ आनंद के साथ रहते हैं। यह बहुत सुंदर व वैचारिक दृष्टिकोण है।"

कालीघाट कोलकाता की एक गली का नाम है जहाँ मदर टेरेसा का आश्रम है। जो गरीब लोग हैं उनमें से भी गरीब लोग जिनके लिए भोजन नहीं, पानी नहीं, बीमारी के इलाज के लिए दवाई नहीं, उन लोगों को मदर टेरेसा अपने आश्रम में ले आती थीं। उन्होंने उस स्थान पर कोलकाता के इतिहास में 54 हजार लोगों को आश्रय दिया जिनमें से 23 हजार लोग मृत्यु को स्वीकार कर गए। यह 23 हजार लोग वे लोग थे जो कई दिनों से भूखे-प्यासे थे और किसी बीमारी के कारण बिस्तर पर पड़े थे।

पत्रकार ने एक और प्रश्न किया– "भविष्य के लिए आपकी क्या योजनाएं हैं?"

मदर टेरेसा ने कहा– "जो दिन गुजर रहा है मैं उसी के बारे में सोचती हूँ। कल कभी लौटकर आएगा, नहीं और आने वाले कल का भी कोई भरोसा नहीं। "

मदर टेरेसा का मिशन सत्य पर आधारित था। उन्होंने मानवीय सेवा सहजता से की जिसके लिए न तो कोई प्रलोभन था न ही आर्थिक दृष्टिकोण। एक विशेष

सामाजिक सेवा थी। मदर टेरेसा ने इसे गॉड गिफ्ट कहा। उन्हें भारत सरकार ने भारत रत्न पुरस्कार से सम्मानित किया था। उनका कार्य भविष्य के लिए प्रेरणादायक था जिन्हें लोग आज भी याद करते हैं।

मदर टेरेसा जैसे बहुत से महानुभाव हमारे देश में थे, आज भी हैं और आगे भी रहेंगे। पर समय बदल रहा है। मनुष्य के प्रति मनुष्य की सहानुभूति नहीं रही है। पूरे समाज का चित्र अब बदल चुका है।

स्कूल की स्थापना

18 अगस्त, 1948 को नीली किनारी की धोती पहने कंधे के पास क्रूस का निशान टांके 38 वर्षीय मदर टेरेसा लोरेटो से रवाना हुईं और तीन महीने की नर्सिंग ट्रेनिंग के लिए पटना की अमरीकी मेडिकल मिशनरी सिस्टरों के पास चली गईं। पटना के होली फैमिली स्कूल में तीन महीने तक उन्होंने नर्सिंग की ट्रेनिंग ली।

दिसम्बर के महीने में वे कोलकाता लौटीं और 'लिटिल सिस्टर्स आफ द पूअर' नाम संस्था में ही रहने लगीं। इस संस्था के पास अपना खर्च चलाने के लिए पर्याप्त धन नहीं था। मदर के रहने और खाने की व्यवस्था भी कोलकाता में नहीं हो पाई थी।

टेरेसा जी 21 दिसम्बर, 1948 को मोती झील नामक स्थान में अपना पहला विद्यालय खोला। संस्था ने रहने की व्यवस्था न होने तक 'मदर' को पूरा सहयोग दिया। बस्ती के लोगों से 'मदर' का परिचय कराया और अपने बच्चे स्कूल में भेजने को कहा। गरीब लोगों को विश्वास नहीं होता था कि उनके बच्चों को मुफ्त पढ़ाया जाएगा। बड़ी मुश्किल से कुछ गंदे कपड़ों वाले बच्चे स्कूल आने को तैयार हुए।

खुले आसमान के नीचे झोपड़ियों के बीच नीम के पेड़ के नीचे 'मदर टेरेसा' ने अपना स्कूल शुरू किया। लोरेटो स्कूल में कार से जाने वाली 'मदर टेरेसा' ने नीम के पेड़ के नीचे और आस-पास की घास अपने हाथों से उखाड़ी। न मेज, न कुर्सी न ब्लैकबोर्ड, न स्लेट, न पैंसिल, न कॉपी-किताबें। पांच गरीब बच्चे जिनकी नाक बह रही थी मदर के स्कूल में पढ़ने आए।

मदर ने बच्चों के साथ नीम के पेड़ के नीचे खड़े होकर प्रार्थना की।

प्रार्थना के बाद बच्चे जमीन पर बैठ गए और मदर ने पेड़ से एक मोटी टहनी तोड़कर उससे गीली मिट्टी पर लकीरें खींचकर बंगला भाषा के अक्षर लिखे और उन्हें पढ़ाना शुरू कर दिया। नीम के पत्ते तोड़कर उनसे गिनती सिखायी।

माइकेल गोमेज के घर में निवास

28 फरवरी 1949 को मदर टेरेसा ने 'लिटिल सिस्टर्स आफ द पूअर' नामक संस्था से अपना सामान उठाया और सियालदाह के पास 14, क्रीक लेन में माइकेल गोमेज के घर आ गईं।

मदर को तीसरी मंजिल पर स्थित कमरा दिया गया। लकड़ी की एक पेटी, मदर मेरी की प्रतिमा, एक कुर्सी, एक मेज और बहुत थोड़ा सा सामान लेकर मानवता की सेविका मदर टेरेसा अपने कमरे में रहने पहुँचीं। उस समय उनके पास खाने के लिए कुछ नहीं था। एक पैसा पास नहीं, अनजाने देश में बिल्कुल अकेली 39 वर्षीय अकेली अविवाहित महिला। प्रभु ईशु में सच्ची आस्था और दीन-दुखियों का उद्धार करने की असीम लालसा ही उनका धन था।

माइकेल गोमेज अपनी पत्नी और एक बेटी के साथ रहते थे। छोटा परिवार था उनका मदर के आने से उन्हें बहुत अच्छा लगा। उन्होंने मदर को मकान किराए पर नहीं दिया था बल्कि समाज सेवा के महान् मिशन से अपनी ही शैली में अकेली जूझती उस नारी शक्ति को अपने छोटे परिवार के साथ रखकर एक बहुत बड़े सुख का अहसास किया था।

मदर के स्कूल में बच्चों की संख्या बढ़ने लगी। वे सवेरे जल्दी तैयार होकर घर से निकलतीं और मोती झील बस्ती के गरीब परिवारों के बच्चों को इकट्ठा कर स्कूल लगातीं। कुछ समय बाद यह स्कूल लोगों को अपनी तरफ आकर्षित करने लगा।

मदर बिना कॉपी-किताबों के बच्चों को पढ़ातीं तो लोग हैरान रह जाते थे। भीड़ दूर खड़ी मदर का स्कूल देखती रहती। स्त्रियां, बच्चे और बूढ़े लोगों का स्कूल स्थल के आस-पास जमघट रहता। इनमें अनेक बच्चों की आयु स्कूल जाने की थी परन्तु माता-पिता की ढ़ील के कारण वे बच्चे फटे-चीथड़े लपेटे, गंदे हाथ-पैर लिए दिन भर इधर-उधर भटकते रहते थे। देखने वालों की भीड़ में अनेक स्कूल जाने योग्य बच्चे मौजूद रहते थे। मदर की उन पर नजर पड़ती तो वे भीड़ के बीच जा पहुँचतीं और बच्चों की मां को समझातीं—''इन्हें मेरे स्कूल में भेजो, देखो न, मेरा स्कूल तो खुले आसमान के नीचे है। मैं इस पर कुछ भी खर्च नहीं करती। मैं फीस का एक पैसा नहीं लूंगी। कॉपी-किताबों का भी झंझट नहीं, फिर तुम्हें क्या परेशानी है? अपने बच्चे को स्कूल भेजो। तुम बहुत भोली हो, समझती नहीं हो। तुम्हारा बच्चा पढ़-लिख गया तो तुम्हारी तरह भीड़ का हिस्सा नहीं रहेगा, वह बड़ा आदमी बन जाएगा।''

टेरेसा जी के इन शब्दों ने माताओं को समझाने के लिए विवश कर दिया और अगले ही दिन कुछ और बच्चे आने लगे। इस प्रकार बिना दीवारों और कमरों वाले इस स्कूल में बच्चों की संख्या बढ़ती गई और कुछ ही महीनों में स्कूल अलग नजर आने लगा। खुले आसमान के नीचे बने इस विचित्र स्कूल में मदर अपना प्यार लुटाती थीं। बच्चों की सारी समस्याएं हल करती थीं तथा अपने परिश्रम को सफल होता देख प्रसन्न होती थीं।

सुभाषिणी दास पहली सिस्टर बनी

मदर टेरेसा ने लगभग 4 माह तक अकेले ही अपनी संस्था चलायी। वे स्वयं ही संस्था बन गई थीं। 19 मार्च 1949 को सबसे पहली सिस्टर बनने के लिए सुभाषिणी दास नामक युवती संस्था में आयी। मदर टेरेसा ने उन्हें 'सिस्टर एग्नेस' नाम दिया। इस नाम से साफ जाहिर होता है कि मदर ने अपना मूल नाम अपनी संस्था की सबसे पहली सदस्या को देकर उस पर अपना समूचा विश्वास और प्यार जाहिर कर दिया था।

सुभाषिणी दास मदर का मूल धारण कर कृतकृत्य हो गईं। उन्होंने पूरी लगन से संस्था का काम शुरू कर दिया। मदर के साथ वे साये की तरह लग गईं। अब मदर को एक प्यारी-सी सिस्टर का साथ मिल गया था। अब वे माइकेल गोमेज के परिवार के किसी सदस्य को साथ ले जाने के लिए कष्ट नहीं देती थीं। मदर टेरेसा और सिस्टर एग्नेस दोनों ने मिलकर संस्था को प्रगति के मैदान पर लाके खड़ा कर दिया।

आश्रम की स्थापना

मदर टेरेसा ने 'निर्मल हृदय' और 'निर्मला शिशु भवन' के नाम से आश्रम खोली, जिनमें वे असाध्य बीमारी से पीड़ित रोगियों व गरीबों की स्वयं सेवा करती थीं। जिन्हें समाज ने बाहर निकाल दिया हो, ऐसे लोगों पर इस महिला ने अपनी ममता व प्रेम लुटाकर सेवा भावना का परिचय दिया।

मिशनरीज़ ऑफ चैरिटी की स्थापना

मदर टेरेसा मात्र अठारह वर्ष की उम्र में दीक्षा लेकर सिस्टर टेरेसा बनी थीं। इस दौरान 1948 में उन्होंने बच्चों को पढ़ाने के लिए एक स्कूल खोला और तत्पश्चात 'मिशनरीज ऑफ चैरिटी' की स्थापना की। सच्ची लगन और मेहनत से किया गया

काम कभी निष्फल नहीं होता, यह कहावत मदर टेरेसा के साथ सच साबित हुई। मदर टेरेसा की मिशनरीज संस्था ने 1996 तक करीब 125 देशों में 755 निराश्रित गृह खोले जिससे तकरीबन पांच लाख लोगों की भूख मिटाए जाने लगी।

दो वर्ष तक मदर टेरेसा ने कोलकाता के गंदी बस्ती में लोगों के बीच जाकर उनका विश्वास जीता। स्कूल में बच्चों की संख्या बढ़ाई तथा गरीबों और बीमारों की घर-घर जाकर सेवा की। वे इस तलाश में थीं कि किसी प्रकार विधिवत एक संस्थान की स्थापना कर लें, उसका भवन बनवा लें और वहीं पर गरीबों तथा बीमारों की सेवा करें। संस्थान बन जाने पर गरीबों की सेवा के लिए धन भी आसानी से इकट्ठा किया जा सकता है।

मिशन के बड़े अधिकारियों से बात कर उन्होंने उनसे संस्थान की अनुमति ले ली और 7 अक्टूबर 1950 को मिशनरीज़ ऑफ चैरिटी की स्थापना कर दी।

झुग्गी में भीगती महिला की मदद

मदर टेरेसा ने 'मिशनरीज़ ऑफ चैरिटी' नामक संस्था की स्थापना कर ली थी परन्तु अभी तक इस संस्था की सदस्यता किसी ने नहीं ली थी। मदर टेरेसा अकेली काम कर रही थीं। मिशनरीज़ ऑफ चैरिटी के अधीन एक स्कूल वे अवश्य खोल चुकी थीं लेकिन उसकी कोई इमारत या भवन नहीं था।

इस संस्था के नियम मदर ने स्वयं बनाए थे। उनमें से एक नियम यह था कि इसकी कोई भी सदस्या (सिस्टर) कभी अकेली बाहर नहीं जाएगी। मदर टेरेसा ने अपने ऊपर भी यह नियम पूरी सख्ती से लागू किया। वे कभी अकेली बाहर नहीं जाती थीं। वे जब भी बाहर जातीं तो माइकेल गोमेज की पत्नी या बेटी को साथ ले जाती थीं या फिर सिस्टर एग्नेस को।

बरसात के मौसम में एक दिन मदर मोती झील बस्ती गईं तो माइकेल गोमेज की बेटी मेबेल को अपने साथ ले गईं। मूसलाधार बरसात में मदर मेबेल के साथ गरीब बस्ती में निकल गईं। उनके दिल में एक तेज बेचैनी हो रही थी। उन्हें लगा था कि कोई बहुत दुःखी आवाज में उन्हें पुकार रहा है। बिना छाते के मेबेल को साथ लिए वे आगे बढ़ती गईं।

टेरेसा जी का पूर्वानुमान सही निकला। उन्होंने देखा बिना छत की झुग्गी में घुटनों तक पानी में एक स्त्री अपनी भीगी धोती शरीर पर लपेटे बच्चे को गोद में लिए रो रही है। बच्चे का सिर उसने मिट्टी के चौड़े मुँह वाले बर्तन से ढक रखा है। उसकी मदद में को कोई नहीं आ रहा था। मदर उसकी ओर खिंचती चली गईं। पास पहुँचकर

उन्होंने नंगे बच्चे के बदन को छुआ, मदर चौंक पड़ीं। बच्चा बुखार से तप रहा था। मदर ने स्त्री से पूछा–"इतनी बरसात में तुम बुखार से तपते बच्चे को लेकर क्यों खड़ी हो? तुम्हारी झुग्गी की छत कहां गई?"

उस महिला ने बड़े दुःखी शब्दों में कहा कि–"यह शहर एक बड़ा जंगल है। यहां कोई किसी का नहीं है। मेरा आदमी मर गया। यह छोटा-सा बच्चा रह गया। मैं इसे मरने देना नहीं चाहती। मकान मालिक ने झुग्गी की छत उठवा दी। कहता है दो महीने किराया का हो गया। पहले किराया दे तब छत रखी जाएगी नहीं तो बरसात में मर और इस बच्चे को भी मार, नहीं तो निकल के भाग जा।"

मदर टेरेसा ने स्त्री की कहानी सुनी तो उनकी आंखें भर आईं। बोली कितना किराया है दो महीने का?"

"चार रु. महीने से आठ रु.।" स्त्री ने कहा।

मदर ने मेबेल का हाथ पकड़ा और अपने घर की ओर बरसात में ही दौड़ लगा दी।

घर लौटकर मेबेल के पिता के माध्यम से 8 रुपये मकान मालिक के पास पहुँचवाये। उस गरीब स्त्री की झुग्गी पर छत रखवाई और उसे आश्वासन दिया–"हम सब तुम्हारे साथ हैं, अपने आपको अकेला मत समझना, जो भी परेशानी आए हमारे पास आना।"

मदर टैरसा ने उस स्त्री को अपना पता बताया और चली आईं। जब वे वहां से चलीं तो देखा हजारों आंखें उन्हें घूर रही थीं। लोग अपने-अपने घरों से निकल आए थे और समूह में खड़े यह दृश्य देख रहे थे।

कुष्ठ रोग से ग्रसित महिला की मदद

मदर टेरेसा के घर 1950 के रविवार को एक पीड़ित महिला लाई गई। परिवार के लोग उसे मदर होम के बाहर छोड़कर चले गये थे। इस महिला का नाम जानकी था। इसके शरीर पर बहुमूल्य गहने थे, साथ ही प्रकृति का दिया एक दाग था–यह था कुष्ठ रोग। मदर टेरेसा ने उस महिला का इलाज शुरू कर दिया। उसका रोग ठीक होने लगा। वह महिला बांस और खपरैल से बनी कुष्ठ रोगियों की झोंपड़ी में रहने की तैयार न थी। वह अक्सर अपनी शानदार कोठी और तीन कमाऊ बेटों की बातें किया करती थी।

एक दिन जानकी जिद कर गई कि उसे उसके घर पहुँचा दिया जाए। उसने बताया कि उसका एक बेटा भारतीय सेना में ब्रिगेडियर है, दूसरा डॉक्टर और तीसरा

एक सफल वकील। किसी सिस्टर ने उसे बता दिया कि उसके घर वाले ही उसे मदर होम के बाहर फेंककर चले गए थे। वे नहीं चाहते कि कोढ़ का रोगी उनकी शानदार हवेली में रहे।

यह सुनते ही वह महिला सन्न रह गई। उसकी आंखें दीवार पर टिक गईं और वह शून्य में ताकती रह गईं। कई दिन तक वह इसी प्रकार शून्य में ताकती रही। उसने खाना-पीना छोड़ दिया और ईश्वर से मौत की प्रार्थना करने लगी। तब एक दिन मदर प्यार से उसके पास आ बैठी और उसे समझाया—"तुम उस परिवार से क्यों इतना मोह करती हो जो तुमसे मोह नहीं करता। तुमने अपना एक कर्त्तव्य पूरा किया। अपने बच्चों को पढ़ा लिखा कर योग्य और सम्पन्न बना दिया। अब दूसरे कर्त्तव्य का पालन करो, मोह को भुला दो, शिकायत और शिकवे मन से निकाल फेंको। देखो तुम्हारा परिवार कितना बड़ा है, यहां कितने दुखी लोग रहते हैं, इनकी सेवा में अपना मन लगाओ, तुम्हें असीम सुख मिलेगा।"

जाने क्या जादू था मदर की वाणी में कि जानकी का हृदय परिवर्तन ही हो गया। उसने परिवार का मोह त्याग दिया और मदर के मिशन में शामिल होकर पूरा जीवन बिताने का फैसला ले लिया। उसने अपनी कीमती गहने मिशन को दान कर दिए और सादे कपड़ों में रहकर सेवा कार्य में जुट गई।

मदर टेरेसा महात्मा गांधी को अपना आदर्श मानती थीं। उनके सेवा कार्य से उन्होंने सदा प्रेरणा ली। टीटा गढ़ में उन्होंने कुष्ठ रोगियों के लिए जो आवास बनवाया था उसका नाम उन्होंने 'गांधी प्रेम निवास' रखा।

उपहारों की नीलामी

मदर टेरेसाजी अपने पूरे जीवन में त्याग और बलिदान की महान् प्रतिमा रहीं। उन्होंने अपना जीवन पूरी तरह दुःखी और बीमार लोगों की सेवा में लगा दिया था। उनके इस महान् कार्य की चर्चाएं पूरे देश में होने लगीं। विदेशों से भी उनके लिए निमंत्रण आने लगे। जब भी वे निमंत्रण पर जातीं उन्हें कोई न कोई कीमती उपहार अवश्य मिलता था। मदर का जीवन तो अपने लिए था नहीं, वह तो दीन-दुखियों के लिए था। अतः जो कुछ उन्हें मिलता था, उस पर वे दीन-दुखियों का ही अधिकार मानती थीं। इलाज की दवाएं, खाने के लिए भोजन, दूध, फल और सब्जियां, रहने के लिए निवास स्थान और रोगियों के रख-रखाव की व्यवस्था पर बहुत बड़ी राशि खर्च होने लगी। यह सब देखते हुए मदर ने अपने उपहारों को अधिक से अधिक

मूल्य पर बेचना शुरू कर दिया। ऐसा करने से जो धनराशि मिलती उसे वे गरीबों की सेवा में लगा देती थीं।

1964 में पोप पॉल को अमेरिकी की फोर्ड कम्पनी ने एक शानदार कार भेंट की। अमेरिका की यात्रा पोप ने अपनी कार में की; उसके बाद वे भारत आ गए। भारत आने पर उन्होंने वह कार मदर टेरेसा को भेंट कर दी। मदर ने 100 रु. कीमत के लॉटरी के टिकट छपवाए और कार की नीलामी कर दी। नीलामी से उन्हें पांच लाख रुपए की रकम प्राप्त हुई। प्राप्त की गयी सारी धनराशि को शांति नगर कुष्ठ रोगी योजना पर खर्च कर दी। हजारों कुष्ठ रोगियों की चिकित्सा सुविधाएं जुटाने में मदर को सहयोग मिल गया। इससे उनको बड़ी प्रसन्नता हुयी।

भारत के प्रधानमंत्री नरसिंहराव ने मदर को दिल्ली बुलाकर सम्मानित किया। भव्य समारोह में मदर का स्वागत किया गया। बाद में उन्हें उपहार दिया गया। मदर को शीघ्र ही कोलकाता लौटना था। जल्दी में वे उपहार साथ ले जाना भूल गईं। प्रधानमंत्री ने यह उपहार कोलकाता तक भिजवाने का आग्रह किया तो मदर ने मना कर दिया और सुझाव दिया कि उपहार को नीलाम करा दें और जो धन-राशि मिले उसे टीटागढ़ के रोगियों पर खर्च करने के लिए भिजवा दें। मदर का आग्रह मान लिया गया। उपहार की नीलामी की गई। मदर को बाद में अनेक पुरस्कारों से सम्मानित किया गया। इन सभी पुरस्कारों की राशि उन्होंने गरीबों और बीमारों की सेवा के लिए समर्पित कर दी।

अपंग बालिका को शरण दी

मदर टेरेसा जयपुर स्थिति मदर होम का उद्घाटन करने जयपुर पहुँची। इस अवसर पर पत्रकार तथा नगर के अनेक लोग मदर टेरेसा से मिलने आए थे। शाम को समारोह समाप्त होते ही सब लोग अपने-अपने घर लौटने लगे। मदर की प्रार्थना का समय हो गया था। वे समारोह स्थल से चलने लगीं। उसी समय उनकी नजर एक अपंग लड़की पर पड़ी। वह पोलियोग्रस्त थी, घिसट कर चल रही थी। मदर उसके पास पहुँची और उससे बातें करने लगीं। बातों-बातों में उन्हें पता लगा कि उसके दो भाई हैं और एक बहन है। उसके माँ-बाप ने उसे घर से निकाल दिया है। उसने यह भी बताया कि एक आदमी जिसे सब 'दादा भाई' कहते हैं उससे भीख मंगवाता है और हर शाम अपना हिस्सा वसूल कर ले जाता है। लड़की का नाम रामूड़ी था। मदर ने उस लड़की को अपने होम में लाया। उसे भर पेट खाना खिलाया। उसके

कपड़े बदलवाए और उसके मन से 'दादा भाई' का डर और असुरक्षा की स्थिति से बाहर निकाल दिया।

एक ओर रामूड़ी के माता-पिता थे जो अपनी अपाहिज बेटी को सड़क पर फेंक कर चले गए; और वह दादा भाई जो उस अपाहित लड़की से भीख माँगने के बदले हिस्सा वसूलता था और दूसरी ओर थी विदेश से आई मदर टेरेसा जिस उस अपाहिज और अनाथ लड़की को चैन से जीने का अवसर प्रदान किया।

सीनेटर कैनेडी पर मदर टेरेसा का प्रभाव

मदर टेरेसा और उनके मिशन का काम देखने वाली सिस्टर कितने समर्पित भाव से काम करती थीं इसका विश्व में कोई दूसरा उदाहरण नहीं है। जिस प्रकार एक मां अपने बच्चे की देखभाल करती है उसी प्रकार की देखभाल इन मिशनरी संस्थाओं में की जाती थी।

एक बार अमेरिका के सीनेटर एडवर्ड कैनेडी कोलकाता मिशनरीज शिवरों को देखने पहुंचे। उस समय बंगलादेश और पाकिस्तान के बीच युद्ध चला रहा था। भारतीय सेना बंगलादेश की ओर से लड़ रही थी। बंगलादेश से लाखों शरणार्थी भारत में घुस आए थे। उनको रखने के लिए शिविर लगाए गए थे।

मदर टेरेसा ने भी कोलकाता में बंगलादेशियों के लिए शिविर लगाए।

एडवर्ड कैनेरी ने मदर टेरेसा के सेवा-कार्य की बहुत चर्चा सुनी थी। इस कार्य को अपनी आंखों से देखने के लिए वे शिविरों में चले गए। नीली किनारी वाली सफेद साड़ी में लिपटी अनेक बहनें काम में जुटी थीं।

चैरिटी की एक सिस्टर हैजे के रोगी के शरीर को साफ कर रही थी। रोगी की गंदगी से उसके कपड़े भी सन गए थे और ऐसा करूणामय दृश्य देखकर कैनेडी बड़े भावुक हो गये। उन्होंने कभी कल्पना भी नहीं की थी कि कोई व्यक्ति इस हद तक समर्पित हो सकता है। वे सिस्टर के पास पहुँचे और उसके हाथ मिलाने के लिए उन्होंने अपना दाहिना हाथ आगे बढ़ा दिया। सिस्टर संकोच करते हुए बोली–"क्षमा करें मेरे हाथ मैले हैं।"

कैनेडी ने अपना दूसरा हाथ भी आगे बढ़ा दिया और सिस्टर के हाथ को अपने हाथों में थामते हुए बोले–"आपके नहीं, दरअसल मेरे हाथ मैले हैं। सिस्टर!"

5

करुणामयी व ममतामयी

पीड़ित मानवता की सेवा के लिए अपना पूरा जीवन होम कर देने वाली मदर टेरेसा ने गरीबी, पीड़ा, अकेलेपन और उपेक्षा के खिलाफ एक सशक्त मुहिम चलाकर सही मायनों में विश्व नागरिकता हासिल कर ली थी।

अकेलेपन और उपेक्षित होने की भावना को अत्यंत भयानक गरीबी मानने वाली मदर टेरेसा धर्म से कैथोलिक थीं और एक सच्ची ईसाई की तरह उन्होंने मनुष्य सेवा को ही प्रभु सेवा बना लिया था। उनका जन्म 26 अगस्त 1910 को मकदूनिया में हुआ और उनका परिवार अल्बानिया मूल का था।

बचपन से ही एग्नेस ईसाई मिशनरियों के जीवन गाथाओं से प्रभावित थीं। सपने बुनने वाली किशोरावस्था के दौर में मदर टेरेसा के मन में कुछ अलग ही सपना पल रहा था और 12 वर्ष की उम्र में ही उन्होंने अपना जीवन धर्म के नाम करने का संकल्प कर लिया।

धर्म की राह पर चलने का उनका यह संकल्प आने वाले सालों में और सुदृढ़ होता गया तथा अंततः 18 साल की उम्र में वे सिस्टर्स ऑफ लोरेटो में मिशनरी के रूप में शामिल हो गईं।

सिस्टर्स ऑफ लोरेटो में आने के बाद उन्हें अंग्रेजी भाषा सीखने के लिए आयरलैंड जाना पड़ा। मदर टेरेसा ने अपनी कर्मभूमि भारत में 1929 में कदम रखा और शुरू में वे दार्जिलिंग में बच्चों को पढ़ाने का काम करती रहीं। उन्होंने 24 मई 1931 को नन के रूप में धार्मिक शपथ ली।

मदर टेरेसा ने 1931 से 1948 के बीच कोलकाता के सेंट मैरी स्कूल में शिक्षण का काम किया, लेकिन उनका भावुक मन इस दौरान विद्यालय परिसर के बाहर हो

रही घटनाओं को लेकर बुरी तरह पीड़ित होता रहा, जिनमें 1943 का अकाल और 1946 के सांप्रदायिक दंगे शामिल हैं।

पीड़ित मानवता की पुकार को मदर टेरेसा अधिक देर तक अनसुनी नहीं कर पाईं और अंततः 1948 से उन्होंने समाज सेवा और मलिन बस्तियों के बच्चों और बेसहारा लोगों की सेवा का काम शुरू कर दिया।

किसी भी महान कार्य की तरह मदर टेरेसा के समाज सेवा के शुरुआती दिन बेहद कठिनाइयों, फाकों, अभाव और आलोचनाओं से भरे रहे, लेकिन सेवा की भावना से ओतप्रोत मदर टेरेसा ने इन पर मानो ध्यान ही नहीं दिया।

इस संबंध में उन्होंने अपनी डायरी में लिखा है कि आपको केवल दुनिया से कहना भर है, सब चीजें फिर से आपकी हो जाएँगी। प्रलोभन लगातार आवाज दे रहे थे, मुक्त निर्णय से मेरे प्रभु और आपके (मनुष्य प्रेम) प्यार के कारण मैं सिर्फ वही आकांक्षा करूँगी और वही काम करूँगी जो इस संबंध में परम पवित्र की इच्छा हो। मैं एक भी आँसू गिरने नहीं दूँगी।

मदर टेरेसा को 7 अक्टूबर 1950 को वेटिकन से मिशनरीज ऑफ चैरिटी नामक अपनी संगत शुरू करने की इजाजत मिल गई। कोलकाता में मात्र 13 सदस्यों के साथ शुरू की गई इस संस्था के आज दुनियाभर में करीब 10 लाख से अधिक कार्यकर्ता हैं।

मदर ने 1952 में मृत्यु के कगार पर खड़े रोगियों की देखभाल और मृत्यु के बाद उनका सम्मानजनक ढंग से अंतिम संस्कार करने के लिए निर्मल हृदय नामक होम खोला। इसी प्रकार 1955 में उन्होंने बेसहारा और अनाथ बच्चों के लिए निर्मल शिशु सदन खोला।

मदर टेरेसा का कार्यक्षेत्र अंतरराष्ट्रीय फलक तक विस्तृत था। 1982 में उन्होंने इसराइली सेना और फिलिस्तीनी लड़ाकों के बीच मध्यस्थता कर युद्धक्षेत्र के तहस-नहस हो चुके एक अस्पताल में फँसे 37 बच्चों को रेडक्रॉस की मदद से सुरक्षित बाहर निकाला था।

इसी प्रकार उन्होंने अनाज संकट से जूझ रहे इथोपिया चेरनेबल के विकिरण पीड़ितों और अर्मेनिया के भूकंप पीड़ितों की मदद में अपना योगदान दिया था। उन्हें पीड़ित मानवता की सेवा के लिए 1979 में नोबेल पुरस्कार तथा 1980 में भारत का सर्वोच्च नागरिक पुरस्कार भारत रत्न प्रदान किया गया।

मदर ने अपने जीवन दर्शन का संकेत देते हुए कहा था कि जब कोई व्यक्ति भूख से मरता है तो ऐसा इस कारण नहीं होता कि भगवान ने उसकी परवाह नहीं की, ऐसा इसलिए होता है, क्योंकि मैंने और आपने उसे वह नहीं दिया जिसकी उसे जरूरत थी।

मदर टेरेसा की स्वास्थ्य की खराबी का दौर 1983 से ही शुरू हो गया था, जब रोम में उनको पहली बार दिल का दौरा पड़ा था। लेकिन उन्होंने पीड़ित मानवता की सेवा में कभी भी अपने स्वास्थ्य को बाधा नहीं बनने दिया।

उन्होंने 13 मार्च 1997 को मिशनरीज ऑफ चैरिटी के प्रमुख पद को त्यागा और इसके कुछ ही महीनों बाद पाँच सितंबर 1997 को संक्षिप्त बीमारी के बाद उनकी देह शांत हो गई।

उनके निधन के बावजूद मदर की स्मृतियाँ आज भारत में ही नहीं कई देशों में महक रही हैं। उनका यह संदेश कभी भी अप्रासंगिक नहीं हो सकता कि हम हर किसी से मुस्कराते हुए मिलें। मुस्कान ही प्रेम की शुरुआत है।

दया और करुणा की सागर

दया, प्रेम और वात्सल्य का असली चेहरा मदर टेरेसा, जिन्होंने यूगोस्लाविया से निकल कर भारत में अपने सेवाभाव से जुड़े कार्यक्रम की शुरुआत की और विश्व भर में इसके सफल संचालन से लोगों के बीच मां का दर्जा पाया। 12 वर्ष की अवस्था में ही उन्होंने अपने हृदय की आवाज पर समाज को अपना जीवन समर्पित करने का फैसला कर लिया था।

वह 18 वर्ष की आयु में 1928 में भारत के कोलकाता शहर आईं और सिस्टर बनने के लिए लोरेटो कान्वेंट से जुड़ी और इसके बाद अध्यापन कार्य शुरू किया। उन्होंने 1946 में हुए सांप्रदायिक दंगे के दौरान अपने मन की आवाज पर लोरेटो कान्वेट की सुख सुविधा छोड़ बीमार, दुखियों और असहाय लोगों के बीच रह कर उनकी सेवा का संकल्प लिया।

मदर टेरेसा ने एक दशक तक कोलकाता के झुग्गी में रहने वाले लाखों दीन दुखियों की सेवा करने के बाद वहां के धार्मिक स्थल काली घाट मंदिर में एक आश्रम की शुरुआत की।

लोरेटो कान्वेंट छोड़ने के वक्त उनके पास सिर्फ पांच रुपये ही थे लेकिन उनका आत्मबल ही था जिससे उन्होंने मिशनरीज ऑफ चैरिटी की शुरुआत की और आज 133 देशों में इस संस्था की 4,501 सिस्टर मदर टेरेसा के बताए मार्ग का अनुसरण कर लोगों को अपनी सेवाएं दे रही हैं। मदर टेरेसा ने भारत में कार्य करते हुए यहां की नागरिकता के साथ सर्वोच्च नागरिक सम्मान भारत रत्न प्राप्त (1980) किया और यहां के साथ-साथ पूरे विश्व में अछूतों, बीमार और गरीबों की सेवा की। लेकिन उन्होंने कोलकाता में विशेष रूप से काम किया और फुटपाथ पर रहने वाले लोगों के लिए घर बनाने की शुरुआत यहीं से की। उनके आश्रम का दरवाजा हर वर्ग के लोगों के लिए हमेशा खुला रहता था।

मदर टेरेसा ने अपने कार्यक्रम के जरिए गरीब से गरीब और अमीर से अमीर लोगों के बीच भाईचारे और समानता का संदेश दिया था। उन्होंने किसी भी धर्म के लोगों के बीच कोई भेद नहीं किया।

विश्व में मां का दर्जा पा चुकीं मदर टेरेसा गर्भपात के सख्त खिलाफ थीं और एक बार ऑक्सफोर्ड विश्वविद्यालय में एक सम्मेलन में उन्होंने कहा था, मैं किसी भी ऐसी महिला को कोई बच्चा गोद लेने नहीं दे सकती जिसने कभी भी अपना गर्भपात करवाया हो। ऐसी महिला बच्चों से प्यार कर ही नहीं सकती।

समाज में दिए गए उनके अद्वितीय योगदान की वजह से उन्हें पद्मश्री (1962), नोबेल शांति पुरस्कार (1979) और मेडल ऑफ फ्रीड़ा (1985) प्रदान किए गए। पांच दशक से भी अधिक वर्षों तक दुखियों की सेवा से जुड़ी रहीं मदर टेरेसा ने पांच सितम्बर 1997 को दुनिया को अलविदा कह दिया।

दुनिया भर के लोगों की तरह पोप जॉन पाल द्वितीय भी उनके प्रशंसकों में से एक थे। उन्हें उनकी मृत्यु के छह साल बाद ही इटली की राजधानी रोम में धन्य यानी धार्मिक शब्दावली के अनुसार बिएटीफिकेशन घोषित कर दिया गया।

इसका तात्पर्य यह था कि वेटिकन ने यह मान लिया कि उनका व्यक्तित्व दिव्य था और उनकी प्रार्थना भर से लोगों को रोगों से मुक्ति मिल जाती है।

दीन-दुखियों की मसीहा

हर दुखिया के आंखों से आंसू पोछने और हर बेघर को छत दिलाने की हसरत रखने वाली मदर टेरेसा बीसवीं शताब्दी की ऐसी महान विभूति थीं जिन्होंने अपनी करुणा को किसी भौगोलिक सीमा में न बांधते हुए भारत को अपनी कर्मभूमि बनाया तथा पीड़ितों की सेवा में अपना पूरा जीवन लगाकर यह साबित कर दिया कि वह सही मायने में विश्व नागरिक थीं। मदर टेरेसा ने अपने बारे में एक बार कहा था। रक्त से मैं अल्बानियाई (जन्म-स्थान) हूं। नागरिकता के अनुसार भारतीय हूं। धर्म के अनुसार मैं एक कैथोलिक नन हूं। मेरी धारणा है कि मैं पूरे विश्व की हूं और दिल से मैं पूरी तरह जीसस की हूं।

मकदूनिया के स्कोपजे में 26 अगस्त 1910 को जन्मीं मदर टेरेसा के सिर से पिता का साया महज आठ साल की उम्र में उठ गया था। घोर आर्थिक कष्टों के बावजूद उनकी धर्म और प्रभु में आस्था बनी रही। परियों और राजकुमार के सपने देखने वाली 12 साल की उम्र में उन्होंने नन बनने का निश्चय कर लिया। यह

निश्चय पूरा हुआ 18 साल की बालिग उम्र में, जब वह ईसाई ननों की आयरिश संस्था सिस्टर्स ऑफ लोरेट में शामिल हुईं। इस संस्था के कुछ मिशन भारत में थे। उन्होंने डबलिन में कुछ समय तक इंस्टीटयूट आफ ब्लेस्ड विर्जिन मैरी में प्रशिक्षण लिया।

मदर टेरेसा ने अपनी कर्मभूमि भारत में पहली बार छह जनवरी 1929 को कदम रखा। उन्होंने 1931 से 1948 तक कलकत्ता के सेंट मैरी हाई स्कूल में अध्यापन किया। स्कूल की चाहरदिवारी में रहते हुए उनका मन महानगर की मलिन बस्तियों में रहने वाले बीमार, गरीब और असहाय लोगों के लिए भटकता रहता था।

मदर टेरेसा ने 1948 में पटना में चिकित्सा संबंधी एक छोटा सा प्रशिक्षण हासिल किया और इसके बाद कलकत्ता लौटकर वह पीड़ितों, रोगियों और असहाय लोगों की सेवा में जुट गईं। दीन दुखियों की सेवा की ललक को देखते हुए वेटिकन ने उन्हें सात अक्टूबर 1950 को अपना स्वयं का आर्डर खोलने की अनुमति दे दी और इसी के साथ मिशनरीज आफ चैरिटी की शुरुआत हुई। कलकत्ता में महज 12 सदस्यों के साथ शुरू हुई संस्था आज दुनिया में एक विशाल वटवृक्ष की तरह फैल गई है। इस संस्था के तहत मदर टेरेसा ने तमाम देशों की यात्राएं कर दीन दुखियों की सेवा के अपने लक्ष्य को आगे बढ़ाया।

मदर टेरेसा वास्तव में मानवता प्रेमी व्यक्तित्व थीं और यही कारण है कि ईसाई मिशनरी होने के बावजूद उनका कम्युनिस्ट शासन वाले देशों में उसी तरह सम्मान होता था जैसा कि अन्य किसी भी देश में। मिशनरीज ऑफ चैरिटी के लिए दिल्ली में काम करने वाली सिस्टर शोमेन ने बताया कि इस संस्था के तहत राष्ट्रीय राजधानी सहित देश के विभिन्न नगरों में बेसहारा एव असहाय लोगों, रोगियों और अनाथ बच्चों की देखभाल की जाती है। उन्होंने कहा कि तमाम आर्थिक कठिनाइयों के बावजूद संस्था से जुड़े लोग मदर टेरेसा की प्रेरणा से अपने कामों को पूरे उत्साह के साथ करते हैं।

सिस्टर शोमेन ने कहा कि मदर टेरेसा को संत का दर्जा मिलने के लिए एक और चमत्मकार को वेटिकन द्वारा मान्यता दिए जाने की जरूरत है। उन्होंने कहा कि अभी तक कई लोगों ने इस तरह के चमत्कार का दावा किया है। मदर टेरेसा को तमाम राष्ट्रीय, अंतरराष्ट्रीय एवं धार्मिक पुरस्कारों से नवाजा गया। विश्व जनमत ने जहां उनकी सेवाओं को देखते हुए उन्हें नोबेल पुरस्कार से सम्मानित किया वहीं भारत में उन्हें शीर्ष नागरिक सम्मान भारत रत्न से नवाजा गया।

रोमन कैथलिक चर्च के ही फादर वर्गीज ने बताया कि इसी सेवा की वजह से पोप जॉन पॉल ने 19 अक्तूबर 2003 को वेटिकन में उन्हें कोलकाता की धन्य

टेरेसा घोषित किया था। उन्होंने बताया कि पोप उसी ईसाई को धन्य घोषित करते हैं जिसका जीवन अन्य ईसाइयों के लिये प्रेरणा स्रोत होता है। मदर टेरेसा को आने वाले समय में संत घोषित किया जा सकता है। मदर टेरेसा को शांति के लिये प्रतिष्ठित नोबल पुरस्कार दिये जाते समय कहा गया कि उन्हें ऐसे योगदान के लिये यह पुरस्कार दिया जा रहा है जिसका उद्देश्य लोगों को दुख और गरीबी से बाहर निकालना था जिसके फलस्वरूप अशांति फैलने की आशंका थी। मदर ने पुरस्कार के साथ मिली धनराशि को भारत के गरीबों को दान कर दिया। भारत सरकार ने भी इन उल्लेखनीय कार्यों के लिये मदर टेरेसा को देश के सर्वोच्च नागरिक सम्मान भारत रत्न से सम्मानित किया। मदर टेरेसा के इन सराहनीय कार्यों के लिये उन्हें दुनिया भर के कई अन्य पुरस्कारों से नवाजा गया। मदर टेरसा का प्रभु यीश मसीह पर अटूट विश्वास था और उन्होंने एक बार कहा था, भगवान यीश मसीह हमारे दिलों में बसते हैं, जिन गरीबों से हम मिलते हैं उनमें यीश है और हम जो मुस्कराहट बिखेरते हैं और दूसरों से पाते हैं, उसमें यीशु मसीह बसते हैं।

आसमान जैसा आँचल

ईश्वर हर जगह नहीं हो सकता इसलिए उसने माँ बनायी...लाखों लोगों को अपने स्नेहिल स्पर्श से मुस्कराहट बांटने वाली माँ,“मदर टेरेसा” को कौन नहीं जानता, और कौन नहीं चाहता!

मनुष्यत्व का प्रतिनिधित्व करने वाली मदर टेरसा ने अपने प्रेम और सेवा भाव के उजाले से पूरे विश्व को आलोकित किया। दीन-दुखियों की सेवा को ईश्वर की उपासना समझने वाली इस पवित्र आत्मा ने अपना पूरा जीवन सेवा को समर्पित किया। मदर टेरेसा सच्चे अर्थों में माँ थीं।

12 वर्ष की उम्र में एक चर्च के रास्ते में उन्हें “ईश्वर के बुलावे” का एहसास हुआ और फिर 18 साल की उम्र में वे आयरलैंड गयीं जहाँ उन्होंने संन्यास लिया और नन बन गयीं। उन्हें नया नाम मिला-“सिस्टर मैरी टेरेसा” इतनी छोटी उम्र से ही उनका धर्म और समाज कल्याण की ओर बेहद रुझान रहा। उनका कहना था अगर आप सौ लोगों को नहीं खिला सकते तो एक को खिलाइए। किसी भी अच्छे काम को करने के लिए किसी नेतृत्व का इंतज़ार न करें...खुद ही चल पड़ें। यही उन्होंने खुद भी किया। जिस समाज सेवा का कार्य उन्होंने स्वयं अकेले आरम्भ किया उस “मिशनरीज ऑफ चेरिटी” से बाद में 4000 नन्स जुडीं जो अनाथालयों, एड्स आश्रम,

शरणार्थियों, अन्धे, विकलांग, वृद्ध, शराबियों, गरीबों और बेघर, और बाढ़, महामारी, और अकाल पीड़ितों के देखभाल के लिए कार्य कर रही हैं।

मदर टेरेसा के हृदय में करुणा और प्रेम का विशाल सागर था। वे कहती थीं कपड़े, भोजन और घर का अभाव ही गरीबी नहीं है,सबसे बड़ी गरीबी है प्रेम का न होना, उपेक्षित होना, अनचाहा होना, लोगों के द्वारा भुला दिया जाना।

मई 1931 में मदर टेरेसा ने दीक्षा ली और औपचारिक रूप से नन बनीं। फिर वे भारत आईं और कलकत्ता में लोरेटो सिस्टर्स द्वारा चलाये जाने वाले स्कूल में पढ़ने लगीं जहाँ उन्होंने कलकत्ता की गरीब बच्चियों को पढ़ाने का जिम्मा लिया। 24 मई 1937 को उन्होंने स्वयं को पूर्ण रूप से मानव सेवा के लिए समर्पित किया और संन्यास ग्रहण कर शुद्धता,सादगी और सेवा की शपथ ली। अब उन्हें लोरेटो नन्स की और से "मदर" की उपाधी दी गयी। उन्होंने अपना अध्यापन का कार्य जारी रखा पर 10 सितम्बर 1946 जब वे हिमालय की ओर रेल यात्रा कर रही थीं तब उन्होंने फिर एक बार "ईश्वर की पुकार" सुनी जिसमें उन्हें गरीब बीमार बच्चों और बूढों की सेवा में लग जाने का आदेश मिला था।..भला ईश्वर का आदेश कौन टाल सकता है। उन्होंने 6 महीने बाकायदा नर्सिंग की ट्रेनिंग ली और जुट गयीं सेवा में, फिर कभी कदम पीछे नहीं हटाये।

उन्होंने पूरे विश्व को अपना परिवार समझा और पूरी निष्ठा से सेवा की।

अयं निजः परो वेति गणना लघुचेतसाम्।
उदारचरितानां तु वसुधैव कुटुम्बकम्।।

अर्थात वो मेरा है, वो पराया है, ऐसा भेद संकीर्ण सोच वाले ही करते हैं,जो महान हैं, उदार हैं उनके लिए पूरा विश्व एक सामान है।

मदर टेरेसा की भीतर जन कल्याण की एक छटपटाहट थी। उन्होंने कलकत्ता में गरीब बच्चों के लिए स्कूल खोला और "निर्मल हृदय" नामक एक धर्मशाला का निर्माण किया। यहाँ बेघर बीमार बच्चों और वृद्धों को आश्रय मिला, यहाँ उनका निशुल्क और अच्छी तरह उपचार भी किया जाता। उन्हें प्रेम और सुरक्षा की भावना दी जाती।

मदर लोगों को सेवा के लिए प्रेरित करतीं, वे कहती कि हो सकता है तुम्हारा योगदान समंदर में एक बूँद के बराबर ही हो मगर उसके न होने से समंदर में वह एक बूँद कम तो है न। उनकी लगन और निस्वार्थ सेवा देख बहुत लोग आगे आये और उनसे जुड़ते चले गए। 1950 में उन्होंने "मिशनरीज ऑफ चैरिटी" की स्थापना की और फिर नीली किनारी वाली सफेद साड़ी उनकी पहचान बनी।

परन्तु मदर टेरेसा को उनके बाहरी पहनावे से नहीं बल्कि उनके भीतर की सुन्दरता की वजह से पहचाना और पूजा गया। मगर समाज कल्याण की दिशा में उनकी राह आसान नहीं थी, उन्होंने अपनी डायरी में लिखा है कि उनका पहला साल कठिनाइयों से भरपूर था उनके पास कोई आमदनी नहीं थी। भोजन और आपूर्ति के लिए भिक्षावृत्ति भी की, इन शुरूआती महीनो में मैंने संदेह, अकेलापन और आरामदेह जीवन में वापस जाने की लालसा को महसूस किया।

मदर टेरेसा ने जल्दी ही एक घर कुष्ठ से पीड़ित लोगों के लिए खोला, और एक आश्रम जिसे "शांति नगर" कहा गया। मिशनरीज ऑफ चेरिटी ने कई कुष्ठ रोग क्लीनिक की स्थापना की, पूरे कलकत्ता में दवा उपलब्ध कराने, पट्टियाँ और खाद्य पदार्थ प्रदान करने के लिए ठोस कदम उठाये। मदर टेरेसा ने उनके लिए घर बनाने के लिए जरूरत महसूस की। उन्होंने 1955 में "निर्मला शिशु भवन" खोला जहाँ बेघर अनाथों के लिए स्थान था, बहुत सारा प्रेम था। धीरे धीरे भारत के सभी स्थानों में और विश्व भर में अनाथालयों, और कोढियों के लिए आश्रम बनाए गए। 1965 में उनके "मिशन ऑफ चैरिटी" को पोप जॉन पॉल टस ने कैथोलिक चर्च की मान्यता प्रदान की।

मदर टेरेसा सेवा को ईश्वर की आराधना समझती थीं। उनका मानना था ईश्वर शान्ति से प्राप्त किया जा सकता है। जैसे ब्रह्माण्ड में ग्रह चक्कर लगाते हैं बिना शोर किये या जैसे वृक्ष फूल और फल देते हैं बेआवाज, वैसे ही शांत भाव से सेवा ही ईश्वर तक जाने का मार्ग है।

मदर टेरेसा के बारे में लेख लिखना आसान कार्य नहीं है, यूँ तो ऊपर से देखने में उनका जीवन सादा, सरल और सेवा में लिप्त एक नर्स का जीवन लगता है परन्तु उनके भीतर झाँकने पर ही हम जान सकेंगे कि उन्होंने अपने जीवन में कितनी मुश्किलों, परेशानियों,आलोचनाओं और विरोध का सामना किया।

उन्होंने अपने एक पत्र में लिखा भी है कि- "मेरी मुस्कराहट एक छलावा है जिसे मैंने ओढ़ रखा है".....लोगों ने उन पर धर्म परिवर्तन के इलज़ाम लगाए, उन्हें समाज सुधारक समझा गया जबकि उनका एक मात्र ध्येय सिर्फ और सिर्फ जरूरतमंदों की सेवा करना था।

मदर टेरेसा को उनके कार्यों के लिए भारत ही नहीं पूरे विश्व में सराहा गया और सम्मानित किया गया। 1962 में उन्हें रेमोन मैगसेसे अवार्ड दिया गया, 1979 में उन्हें नोबेल प्राइस से नवाज़ा गया। 2003 में कैथलिक चर्च द्वारा उनका "बीटिफिकेशन" किया गया अर्थात संत की उपाधि दिए जाने की दिशा में तीसरा कदम। अब वे "धन्य" कहलाईं।

1996 तक 100 देशों में तकरीबन 517 मिशन का संचालन वे कर रहीं थीं।

1983 में वे पोप जॉन पॉल सस से मिलने रोम जा रहीं थीं तब उन्हें पहला हृदयाघात हुआ। फिर दूसरा दिल का दौरा उन्हें 1989 में पड़ा जिसके बाद उन्हें पेसमेकर लगाया गया। इसके बाद उनका स्वास्थ्य निरंतर गिरता गया। 13 मार्च 1997 को उन्होंने मिशन ऑफ चेरिटी के प्रमुख के पद से इस्तीफा दिया और 5 सितम्बर 1997 को इस पवित्र आत्मा ने दुनिया को अलविदा कह दिया।

भारत सरकार ने उन्हें पद्मश्री की उपाधी दी और 1980 में उन्हें सर्वोच्च सम्मान "भारतरत्न" से भी नवाजा गया। ये सभी उपाधियाँ और सम्मान समाज को उनके योगदान के आगे नगण्य हैं। मेरी राय में मदर टेरेसा 20वीं सदी की सबसे बड़ी मिसाल हैं। मानवता और परोपकार के क्षेत्र में मदर कहती थीं अगर आप प्यार के दो बोल सुनना चाहते हैं तो कम से कम एक बोल आपको बोलना पड़ेगा...जैसे किसी दीपक को जलने के लिए तेल डालना बहुत आवश्यक है।

मदर टेरेसा ने लोगों की निस्वार्थ भाव से सेवा की और उनके दुःख बाँटें,उनके आँसू पोछे... इसलिए वे सर्वप्रिय बनी।

अंत में मैं छायावाद की महान कवियित्री "महादेवी वर्मा जी" के विचार साझा करना चाहूंगी दृकि दुःख सारे संसार को एक में बाँध रखने की क्षमता रखता है। हमारे असंख्य सुख हमें चाहे मनुष्यता की पहली सीढ़ी तक भी न पहुंचा सकें,किन्तु हमारा एक बूँद आँसू भी जीवन को अधिक मधुर,अधिक उर्वर बनाए बिना नहीं गिर सकता।

6

व्यक्तित्व

मां शब्द अपने आप में एक अजीब सी अनुभूति देनेवाला है, न! मैं प्रयन्त कर रही हूं कि जिन्हें श्मां का प्यार चाहिए, उन्हें वह प्यार दूं। मदर टेरेसा ने कहा। .... और मैं उनके मुंह पर बिखरे वात्सल्य की अनुभूति के उतार-चढ़ाव को आत्मीयता से देखता रहा! मां के कई बिम्ब तब मेरी आँखों में रह-रह कर तैर-तैर जाते रहे! उठते रहे, मिटते रहे!

65 वर्ष से भी अधिक आयु की वात्सल्य मूर्ति मदर टेरेसा, दुबली-पतली किन्तु सेवा की जीती-जागती मूर्ति है! झूर्रियों भरे उनके मुंह पर मातृत्व की गौरव भरी आकांक्षाएं तैरती प्रतीत होती है! उनकी एक मुस्कान, ममता भरी थपकी और स्पर्श पीड़ा को अनायास ही हर लेता है। वे मानव सेवा के लिए समर्पित कैथोलिक सम्प्रदायक की शायद पहली संन्यासिनों की अगुआ थी, जो कि प्रणँतः संन्यासी बन चुकी थी। और जिन्होंने भारत की नागरिकता ग्रहण करके इस देश के दुखी नागरिकों के लिए अपने आपको समर्पित कर दिया था। भारतीय वेश-भूषा, भारतीय भाषा और नमस्कार के द्वारा आगन्तुक का स्वागत करने वाली मदर टेरेसा प्रेम और सेवा की जीवन्त प्रतीत हैं। उनके काम का मूल्यांकन हो रहा है या नहीं, उन्हें अपेक्षित मात्रा में जन सहयोग उपलब्ध है या नहीं, बिना इसकी परवाह किये वे प्रत्येक दीन-दुखी की पीठ पर मातृ सुलभ वात्सल्य भावना भरा हाथ फेरती थी। और उनहें सन्तोष तभी होता था जबकि उस दुःखी के होठों पर एक मुस्कान तैर उठती है। आज के यांत्रिक युग में उनकी सहज सेवा-भावना का विशेष महत्व है। उपेक्षियों के प्रति उनकी करुणा का विशेष मूल्य है।

54 ए, लोअर-सरक्यूलर रोड, कलकत्ता स्थित उनके आश्रम में मेरी सहज जिज्ञासा इस मिशन के ध्येय वाले तथ्य पर केन्द्रित रही। वहीं किसी ने तब मुझे बतलाया था, मदर टेरेसा का ध्येय है–

उनको प्यार देना, जिन्हें कोई प्यर नहीं करता है। उन्हें चाहना, जिन्हें कोई नहीं चाहता, चाहे वे अपंग हों, बेसहारा हों, बीमार हों या मरणासन्न हों।

मानव-सेवा के लिए अहर्निश छटपटाती ऋर्षिमाता सी लगनेवाली मदर टेरेसा को देखकर मन मानता ही नहीं है कि वे यूगोस्लाविया में जन्मी एक विदेशी महिला थीं, बल्कि सफेद नीली किनारे वाली सादी साड़ी में लिपटी, सेवा की चमक से आलोकित चेहरे वाली माँ का एक आदर्श चित्र मानस पटल् पर अंकित कर देती थीं।

27 अगस्त 1910 को यूगोस्लाविया के स्कोपये नामक कस्बे में आल्बेनियन किसान दम्पति के घर मानवता को समर्पित इस मंजुल मूर्ति ने जन्म् लिया था। बचपन में वे एग्नेस के नाम से पुकारी जाती रही थीं। 18 वर्ष की अ‍ायु में उन्होंने धर्म-प्रचार और ईसाई मिशनरी के माध्यम से दीन-दुखियों की सेवा का व्रत लिया और घर छोड़ दिया। तब से वे मानव-सेवा में ऐसी लीन हुई कि उन्होंने पीछे मुड़कर एक क्षण को भी नहीं देखा और भारत की बनकर जन-सेवा में रम गई।

अपने सेवामय जीवन का आरंभ उन्होंने डबलिन में नन के रुप में किया। बाद में वे कलकत्ता के कैथोलिक संन्यासिनों के संगठन द्वारा संचालित लोरेटो स्कूल में भूगोल की अध्यापिका बनकर आई और 17 वर्ष तक वे अध्यापन करती रहीं। यहीं गरीब-अमीर के बीच की गहरी खाई, पीड़ितों दीन-दुखियों की उपेक्षा, भूखे-नंगों के प्रति समाज का हीन-भाव आदि नजदीक से देखा। वे उनकी सेवा करने के लिए छटपटाने लगी। लेकिन कुछ बंधन उन्हें रोक रहे थे। अतः 8 अगस्त 1948 को उन्होंने अपनी कुल जमा-पूंजी पांच रुपये लेकर एक मोटी सफेद धोती पहनकर अपने आपको मानवता की सेवा में समर्पित करने के ध्वेय से मिशन की सेवा से मुक्ति का प्रार्थना पत्र देकर बिदा ले ली और तब से वे हर वात्सल्य के भूखे चेहरे के लिए माँ है, पूरी आत्मीयता उंडेलती मां!

हर अच्छे काम के लिए कभी भी पैसे की कमी आड़े नहीं आती। मदर टेरेसा की 5 रुपये की पूंजी ने तुरंत सहायता के लिए अनगिनत हाथ आगे बढ़वा दिये। उन्हें खुले हाथों सेवा-कार्य के लिए सहायता और गुप्त दान मिलने लगा।

पिछले 27 वर्षों के इस सेवा काल में उन्हें कई बड़े-बड़े पुरस्कार भी मिले जो कि उनकी मानव सेवा भावना की स्वीकृति के रुप में थे।

1964 में पोप पॉल जब भारत आये तो उन्होंने मदर के लिए अपनी सफेद शलिंकन कार भेंट कर दी, किन्तु मदर ने उसे गरीबों से मिली में बाधक माना और लाटरी डालकर कार को बेच दिया। उस धन से न जाने कितने दीन-दुखियों की सेवा सही रुप में हुई।

पीड़ित मानवता के लिए समर्पित मदर टेरेसा ने स्वयं सेवी संस्थाओं का जाल बिछा दिया है। मिशनरीज ऑफ चैरिटी नामक संस्थाओं के केन्द्र द्वारा ये संचालित होती हैं। निःस्वार्थ भाव से मान सेवा के लिए समर्पित संन्यासिने इसके माध्यम से सेवा कार्य में संलग्न हैं। मिशनरी ब्रादर्स ऑप चैरिटी नाम से पुरुषों के लिए भी एक संगठन है। एक और संस्था है मदर टेरेसा के सहयोगी कार्यकर्ता। इसमें हर धर्म, हर क्षेत्र और हर प्रकार की सहायता के लिए द्वार खुले हुए हैं।

कलकत्ता के लोअर सरक्युलर मार्ग पर बेसहारा बीमार बच्चों के लिए निमर्ल शिशु भवन नामक संस्था संचालित है! इसके माध्यम से देश भर की इसकी शाखाओं में तीन हजार से भी अधिक बच्चे पल रहे हैं जिन्हें उनके माता-पिता ने निर्मम होकर मरने के लिए बेकार मान कर फेंक दिया था, वे मदर टेरेसा से प्यार पा रहे हैं। उन्हें सुयोग्य नागरिक बनने की शिक्षा दीक्षा के लिए इन केन्द्रों में पर्याप्त प्रबंध है।

कलकत्ता के काली मंदिर के पास ही एक धर्मशाला में निर्मल हृदय स्थापित है। मृत्यु की प्रतीक्षा करते लोगों के लिए इसमें सेवा-सुश्रुषा की व्यवस्था है। इस तरह के 32 केन्द्र देश भर में संचालित हैं, जिनमें 2000 से भी अधिक बेसहारा मरणासन्न रोगियों को वात्सल्य् भरी मानसिक शांति और सुश्रुषा उपलब्ध कराई जाती है।

कलकत्ता के पास ही शांतिनगर में कुछ रोगियों के लिए 34 एकड़ भूमि में इलाज के लिए पुनर्वास और रोजगार के लिए साधन जुटाये हैं। इस तरह के 67 केन्द्रों के द्वारा 44, 000 से भी अधिक कुष्ठियों की चिकित्सा तथा रोजगार की व्यवस्था की जाती है।

स्कूलों, डिस्पेन्सरियों में, मातृ एवं शिश गृहों, रिलीफ सेन्टश्रों आदि के माध्यम से हजारों बच्चें, बीमारों, अनाथों, विकलांगों आदि को सहायता दी जाती है। इस प्रकार समाज-सेवा, को नहीं, मानव-सेवा का मूल केन्द्र मानकर मदर टेरेसा ने मूक मानवता की बहमूल्य सेवा की है। उनकी सेवा संस्थाओं का जाल तेजी से फैलता जा रहा है, यह पीड़ित मानवता के लिए बहुत ही शुभ है।

सादा जीवन उच्च विचार की मूर्तिमंत्र प्रतीक मदर का जीवन बहुत ही सादा थीं। निजी सामान के नाम पर प्लास्टिक् की एक बाल्टी, कुछ कपड़े, भजनों और प्रार्थनाओं की पुस्त्कें उनके पास थीं। जो भी भोजन सदन में सबके लिए बनता था, उसे वे बड़ी ही प्रसन्नता से ग्रहण कर लेती थीं।

सबेरे 4.30 बजे उठकर वे स्नान ध्यान और प्रार्थना से निवृत्त होकर पैदल कुछ साथियों के साथ गरीबों की गंदी बस्तियों में चली जाती हैं। जो भी सहायता का पात्र दिखाई दे जाता था, चाहे वह पशु हो या मनुष्य, उसकी पूरे दिल से सहायता करती थीं।

उनकी मानसेवा का यह कार्य अन्तर्राष्ट्रीय स्तर पर चल रहा है। इटली, लंका, आयरलैण्ड, आस्ट्रेलिया, न्यूगिनी, इंग्लैंड, मध्यपूर्वी देश अफ्रीका और लेटिन अमरीका में भी उनके केन्द्र हैं।

आश्रम के एक सदस्य ने एक चर्चा के दौरान कहा था, मां शब्द मैंने पढ़ा था, किताबों और किस्सों में उसके वात्सल्य से भीगा मैं अनुभूति कर पाया कि मानव जीवन में आखिर मां का महत्व क्या है?

रहस्यपूर्ण जीवन

पिछली शताब्दी की सबसे ताकतवर शख्सियतों में शामिल मदर टेरेसा की जिन्दगी किसी रहस्य से कम नहीं रही और इसकी कई परतें किसी को समझ

में नहीं आई। मदर टेरेसा की जन्मशती पर डॉयचे वेले रेडियो प्रसारण में कहा गया कि बीस साल तक लॉरेटो कॉन्वेंट में पढ़ाने के बाद उस महिला को समझ में आता था कि उसकी जिंदगी तो सड़कों और झुग्गियों के लिए लिखी है। यह पहला और इकलौता मामला रहा, जिसमें वेटिकन ने एक नन को नन रहते हुए सड़कों पर जाने की इजाजत दी। कोई साथी नहीं, कोई मददगार नहीं, कोई पैसा नहीं। उन्होंने अपने कार्य को पूरा किया। सिर्फ अकेले। उनकी जिन्दगी वास्तव में एक रहस्य थी।

मदर टेरेसा की पूरी जिंदगी एक रहस्य थी। यूगोस्लाविया जैसे देश में सिर्फ 14 साल की एक लड़की नन बनने का फैसला की। अपने शहर में नहीं, भारत में। 18 साल की उम्र में वह मिशनरी में शामिल हुई और 19 साल में भारत आ गयी।

नवीन चावला को आम तौर पर भारत के मुख्य चुनाव आयुक्त के तौर पर जाना जाता है, लेकिन उन्होंने 23 साल मदर टेरेसा के साथ बिताए हैं और उनकी आधिकारिक जीवनी भी लिखी है। चावला अब भी मदर टेरेसा से अपनी पहली मुलाकात याद कर हैरान रह जाते हैं, मदर टेरेसा उससे भी छोटी कद की थीं, जितना मैं सोचता था। उनकी पीठ मुड़ी हुई थी। उनके हाथ और पैर टेढ़े थे और जब मैंने उनके हाथ और पैर देखे, तो मुझे महसूस हुआ कि ये किसलिए टेढ़े हैं। उनकी पीठ भी टेढ़ी है, क्योंकि वो इतने सालों से लोगों को सड़कों से उठा रही थीं, खुद उठा रही हैं।

चावला ने कहा कि मैं उनके पीछे खड़ा था। मैंने देखा कि उनकी साड़ी हालाँकि हर लिहाज से साफ थी, पर मैंने देखा कि कई जगह वह फटी हुई थी और वहाँ उन्होंने बहुत करीने से उसे रफू किया हुआ था। मुझे यह महसूस हुआ कि इनमें और जिनकी ये सेवा कर रही थीं, उनमें कोई अंतर नहीं था। वो भी गरीब थे और ये भी गरीब थीं। अपनी मर्जी से।

मदर टेरेसा पर आरोप लगे हैं कि वे ऐसे लोगों से पैसा लेती थीं, जिनकी अच्छी छवि नहीं थी। इस बारे में पूछे जाने पर चावला ने कहा कि मैंने उनसे पूछा कि ये कहा जाता है कि आप ऐसे लोगों से भी पैसा लेती हैं, जिनसे लेना नहीं चाहिए, तो मदर टेरेसा ने कहा कि देखिए, कोई भी व्यक्ति हो, जो चैरिटी में देना चाहे, यदि वह एक रुपया देना चाहे, या ज्यादा देना चाहे, मैं उसको मना नहीं कर सकती। रोज हजारों लोग गरीबों को खाना खिलाते हैं। मेरा काम नहीं है ये पूछना कि आप क्यों खिलाते हो या इसका पैसा कहाँ से आता है। मैं फैसला नहीं कर सकती, भगवान फैसला करेगा।

पूर्व यूगोस्लाविया के स्कोप्ये शहर में 1910 में पैदा हुई मदर टेरेसा 1930 में भारत आ गई थीं और उसके बाद उन्होंने लगातार समाजसेवा की। उन्होंने कोलकाता में मिशनरी ऑफ चैरिटी की स्थापना की और उनके काम की वजह से 1979 में उन्हें नोबेल शांति पुरस्कार मिला।

सिर्फ चार फुट चार इंच की लम्बी मदर टेरेसा में इतनी शक्ति कहाँ से आती थी कि वे बिना थके लोगों की सेवा करती थीं, चावला का कहना है, जब मैंने उनसे पूछा कि आप एक कुष्ठ रोगी को कैसे साफ करती हैं, तो उन्होंने मुझे समझाया कि ये मरीज नहीं है, मेरे लिए ये मेरा भगवान है। ये मेरे लिए जीजस क्राइस्ट हैं। जो बच्चा सड़क पर मिलता है, वह भी भगवान है, जो लंदन के वाटरलू ब्रिज के नीचे रहते हैं, वे भी भगवान के एक रूप हैं। जो कोई उनके साथ बात भी नहीं करता और मैं उनको खाना देती हूँ। तो मेरे लिए ये सब लोग जीसस क्राइस्ट हैं। ये सब मेरे भगवान हैं। शायद यही बात उन्हें गरीबों और असहायों की मदद को प्रेरित करती थी।

नवीन चावला ने मदर टेरेसा पर पहली किताब 1992 में लिखी जो 14 भाषाओं में अनुवाद की गई। अब वे इस किताब में कुछ और जोड़ रहे हैं। मदर टेरेसा की ऐसी चिट्ठियाँ, जिन्हें आध्यात्मिक अंधेरे के रूप में देखा जाता है। कई लोगों का कहना है कि मदर टेरेसा को अपनी भक्ति पर संदेह हो जाया करता था, लेकिन चावला का कहना है कि उन्होंने ऐसा कभी नहीं किया। हाँ, यह जरूर कहा कि उनके ईश्वर ने उन्हें भले छोड़ दिया हो, वे ईश्वर को नहीं छोड़ सकतीं।

सेवा-भाव का अनुपम जज्बा

मदर टेरेसा कोई साधारण महिला नहीं थीं। उनमें सेवा का बहुत बड़ा जज्बा था। रोगी और दीन-हीन की सेवा में वे अपने आपको दाव पर लगा देती थीं। जब वे अपनी जिद्द पर आ जाती थीं तो हर किसी को उनके सामने झुकना पड़ता था।

एक दिन मदर टेरेसा एक सिस्टर के साथ कोलकाता की सड़क पर जा रही थीं। मूसलाधार वर्षा हो रही थी, छाते में पानी धँसा जा रहा था। फुटपाथ पर मदर ने चीथड़ों की एक ढेरी-सी देखी। वे पास पहुँची और देखा कि एक महिला अचेत अवस्था में पड़ी थी। मदर ने सिस्टर की मदद से उसे उठाया और रिक्शे में नीलरतन सरकारी अस्पताल जा पहुँचीं।

डॉक्टरों ने उस स्त्री को देखा और बोले–"मदर, अस्पताल में कोई बेड खाली नहीं है, यह स्त्री बचेगी भी नहीं, इसे यहां से ले जाइए।"

ऐसा जबाव सुनकर टेरेसा जी दंग रह गयीं।

उन्होंने रोगिणी को गोद में लिटा लिया और बोलीं–''डॉक्टर प्लीज, इसकी जान बचाइए। जब तक बेड खाली नहीं हो जाता मैं इसे अपनी गोद में लिटाए रहूँगी।'' इस पर भी डॉक्टरों ने कोई ध्यान नहीं दिया तो मदर का हृदय रो पड़ा। वे बोली–''आप कैसे डॉक्टर हैं, रोगी दम तोड़ रहा है और आपका दिल नहीं पिघलता। मैं इस दुखियारी को कहां ले जाऊं?''

तब एक डॉक्टर ने उत्तर दिया–''मदर आप बेकार जिद कर रही हैं। आप इसे वहीं ले जाकर पटक दीजिए जहां से उठा कर लाई हैं। जब यह मर जाएगी तो नगर पालिका की गाड़ी इसे उठाकर ले जाएगी।''

मदर ने रोगिणी को चिपटा लिया और डॉक्टरों की उम्मीद छोड़कर ईश्वर से प्रार्थना करने लगीं परन्तु वे वहां से हिली नहीं।

लगभग 5 घंटे तक टेरेसा जी उसी हालत में बैठी रहीं। शाम ढल गई। डॉक्टरों की ड्यूटी बदलने का समय हो गया। डॉक्टर बाहर निकला तो वह विदेशी संन्यासिन उसकी ओर कातर नजरों से देखने लगी। डॉक्टर ठिठक गया। उसे अपना कद बहुत छोटा लगने लगा। उसने फर्श पर ही एक गद्दा बिछाने का आदेश दिया और ड्यूटी पूरी होने के बावजूद भी उस महिला का इलाज करना प्रारंभ कर दिया।

एक दिन मदर को पेड़ के नीचे पड़ी एक बीमार स्त्री दिखाई पड़ी। वह बेहोश थी। उसके चेहरे को चूहे कुतर रहे थे, चीटियां लग गई थीं। उसकी सांस चल रही थी। मदर उसे उठाकर नीलरतन अस्पताल ले गईं। डॉक्टरों ने मदर को पहचान लिया। वे तुरंत उसका उपचार करने लगे।

महीने भर इलाज के बाद वह स्त्री स्वस्थ हो गई। उसने मदर को अपने लिए भगवान माना और कभी भी मदर का साथ न छोड़ने की प्रतिज्ञा ले ली। वह पूरे मनोयोग से मदर के मिशन में जुट गई। पीड़ितों की सेवा में अपना पूरा जीवन देकर उसने जीवन को कृतार्थ कर दिया।

निर्मल व्यवहार की प्रतिमूर्ति

मदर टेरेसा को अपनी अनूठी शैली में गरीबों की सेवा करते चार वर्ष हो गए थे। उनका स्कूल बन गया था। मिशनरी ऑफ चैरिटी को विदेशी सहायता मिलने लगी थी। उन्होंने रोगियों के लिए दवाइयां अनेक देशों से प्राप्त करने के लिए संस्थान से सम्बन्ध स्थापित करना शुरू कर दिया था। कुछ दवाइयां संस्थान से प्राप्त होने लगी थीं। भारत की सरकार ने भी मदर टेरेसा को सहायता का आश्वासन दिया था।

तत्कालीन प्रधानमंत्री श्री जवाहरलाल नेहरू 1959 में मदर टेरेसा से मिल चुके थे। वे उनके सेवा-कार्य से बहुत प्रभावित थे।

इस घटना के लगभग दो वर्ष बाद मदर टेरेसा ने कोलकाता म्युनिसिपेलिटी का द्वार खटखटाया। उस समय डॉ. अहमद म्युनिसिपेलिटी के वरिष्ठ अधिकारी थे। मदर ने डॉ. अहमद से निवेदन किया कि वे उन्हें कोई ऐसा स्थान दिलाएं जहां सड़कों और फुटपाथों पर दम तोड़ते बीमारों और असहायों को रखा जा सके। डॉ. अहमद ने उन्हें कालीघाट मन्दिर के पास बनी धर्मशाला में इन रोगियों को रखने की इजाजत प्रदान की। धर्मशाला में दो बड़े-बड़े हॉल थे। इनमें 90 व्यक्तियों को रखा जा सकता था। मदर टेरेसा ने फुटपाथों से उठाकर लाए गए गरीब बीमारों को इन हॉलों में रख दिया और उनकी सेवा तथा उपचार करना प्रारंभ कर दिया।

मंदिर के पुजारियों ने इस घटना को उचित नहीं समझा। मन्दिर की धर्मशाला का इस्तेमाल एक विदेशी ईसाई महिला करे, यह उन्हें धर्म-विरुद्ध लगा। उन्होंने बवाल मचा दिया। मदर सेवा के बाहने धर्म परिवर्तन कर हिन्दुओं को ईसाई बना रही हैं। नगर के लोग पुजारियों के साथ हो गए। शिकायत डॉ. अहमद के पास पहुँची। डॉ. अहमद पुलिस कमिश्नर को साथ लेकर कालीघाट मंदिर के मुख्य पुजारी के साथ धर्मशाला जा पहुँचे। मदर टेरेसा ने धर्मशाला का नाम 'निर्मल हृदय' रख दिया था। डॉ. अहमद ने 'निर्मल हृदय' का बोर्ड पढ़ा तो वे प्रभावित हुए। अन्दर पहुँच कर उन्होंने देखा मदर टेरेसा अपने हाथों से रोगियों की सेवा कर रही थीं। कुछ रोगियों के घावों में कीड़े पड़ गए थे, कुछ का मांस गल गया था। मदर स्वयं चिमटी से घावों से कीड़े निकाल रही थीं। कमरे में इतनी तेज दुर्गंध थी कि पंडित ने नाक पर रूमाल रख लिया। कमिश्नर और डॉ. अहमद दोनों दुर्गंध न सह सके। परन्तु मदर टेरेसा अपने कार्य में इस तरह संलग्न थी उन्होंने किसी को नहीं देखा।

कमिश्नर और डॉ. अहमद दोनों ने मदर टेरेसा के ये शब्द सुने "तुम सब लोग अपने-अपने धर्मों की प्रार्थना करो, मैं अपने धर्म की प्रार्थना करती हूँ। सबका ईश्वर एक है। वह हम सबकी अवश्य सुनेगा और आप सब ठीक हो जाओगे।"

पुलिस कमिश्नर ने मुड़कर पुजारी की ओर देखा और बोला–"पुजारी जी इस विदेशी महिला का दिल देखो और अपने दिल में झांको। जिस दिन तुम अपनी नाक से रूमाल हटा कर इस स्थान पर आने की हिम्मत जुटा लो, उस दिन मेरे पास चले आना। मैं यह स्थान तुम्हें लौटा दूँगा। नहीं तो यह 'निर्मल हृदय' ही रहेगा।

पुजारी का सिर नीचा हो गया और उसके मुँह से एक भी शब्द नहीं निकला।

दूसरे ही क्षण पुलिस कमिश्नर और डॉ. अहमद उस स्थान से बाहर आ गये। उन दोनों ने पलटकर बोर्ड पढ़ा—'निर्मल हृदय'। दोनों ने एक-दूसरे की ओर देखा। दोनों की आंखें नम थीं। मानों कह रहे हों—देखा, एक हम लोग हैं और एक यह विदेशी संन्यासिन! हम कितने छोटे हैं और यह महिला कितनी बड़ी।

राह चलते दीन-दुखियों पर नजर

मदर टेरेसा जब कार में बैठती थीं तो कभी भी पीछे की सीट पर आराम से बैठना उनकी पंसद नहीं थी। वे सदा अगली सीट पर ड्राइवर के साथ बैठा करती थीं। जब गाड़ी सड़क पर दौड़ रही होती थी तब मदर की नजरें सड़क के दोनों ओर बने फुटपाथों पर दौड़ रही होती थी। वे सदा तलाश में रहती थीं कि कहीं किसी फुटपाथ पर पड़ा कोई लावारिश बच्चा, गरीब और अनाथ स्त्री या रोगी दिख जाए और वे उसे उठाकर अपने 'निर्मल हृदय' में ले जाए और उसकी सेवा करके उसे नया जीवन दे।

मानवता की प्रतिमूर्ति मदर टेरेसा के अलावा और कौन कर सकता है? लोग तो असहाय और दीन-हीन बीमारों की ओर से आंख चुरा कर जल्दी से निकल जाते हैं। बड़े सावधान रहते हैं कि कोई कारुणिक दृश्य उनके बढ़ते कदम थाम न ले। न मालूम कहां जा रहे हैं ये बढ़ते कदम, किस दिशा में, किस मंजिल की ओर?

अहं की भावना से दूर

मदर टेरेसा गरीबों की सहायता करतीं और उन्हें बीमारियों से बचातीं थीं। नालियों की सड़ांध के बीच गंदे मुहल्लों में जाकर बीमारों को नर्क से निकालती थीं। इन्हें नया जीवन देती थीं। सादे कपड़े पहनती थीं, सादा भोजन करती थीं। सस्ती गाड़ी में यात्रा करती थीं। इसीलिए उन्हें 'नालियों की सन्त' कहा जाने लगा। यूरोप में सन्त प्रायः श्वेत वस्त्र पहनते हैं, वे इतने साफ-सुथरे रहते हैं कि तन को कहीं मैली हवा का झोंका न छू जाए, जबकि मदर टेरेसा तो गंदगी में सिर से पैर तक सने दरिद्र जनों की सेविका थीं। उन्हें मंहगी पवित्रता में रुचि नहीं थी। सादगी और त्याग की प्रतिमूर्ति मदर को पश्चिम जगत ने नालियों की सन्त की संज्ञा दे डाली। तब वे शायद यह नहीं जानते थे कि मानव-जगत के इतिहास में जो स्थान विदेश में आकर सेवा करने पर मदर टेरेसा को मिलने वाला है वह आज तक किसी को नहीं मिला।

टेरेसा जी ने दरिद्रों की सेवा करके यह सिद्ध कर दिया कि मनुष्य मात्र की पीड़ा को महसूस किए बिना कोई बड़े होने का गर्व नहीं कर सकता। दौलत और

शोहरत से मिला बड़प्पन एक दिखावा मात्र है। ऐसे बड़प्पन के लिए इतिहास में कोई स्थान नहीं, जबकि दीन-हीनों की सेवा करने से पूरी मनुष्य जाति में राष्ट्रों की सीमाएं लांघकर जो मान-सम्मान मिलता है उसकी बराबरी कोई और सम्मान नहीं कर सकता। दीन-हीनों की सेवा करने वाला इतिहास में विशेष स्थान पाता है, वह अमर हो जाता है।

मदर ने गरीबों की होने पर सदा गर्व महसूस किया। 'नालियों का सन्त' कहे जाने पर मुस्कराती हुयी बोली—"जो मुझे मिला है, वह आज तक किसी को नहीं मिला।"

दृढ़ आत्मविश्वास

मदर टेरेसा जी ने पूरे संसार को अपना लोहा मनवा दिया। समूचे विश्व को अपनी ओर मुड़कर देखने पर विवश कर दिया। सारी दुनिया ने मुड़कर देखा और कहा—"विचित्र है यहां ...मदर ने जो किया है, वह कोई नहीं कर सकता।"

ऐसी टेरेसा जी में वह कौन-सी शक्ति थी जो वे किसी काम को करना चाहती थीं। उसमें उन्हें सफलता मिलती थी। गरीबों के देश में साधनहीनों के बीच रहने वाली, अनाथों और उपेक्षितों का उद्धार करने वाली मदर टेरेसा के पास ऐसा क्या था कि उसका कोई काम रुकता नहीं था?

आत्मविश्वास, समर्पण और सेवा-भाव मदर की शक्ति के अनन्त स्रोत थे। मदर को गरीबों के लिए कुछ भी करने में लाज नहीं आती थी, संकोच नहीं होता था। गांधी जी की तरह वे अपने पूरे जीवन को एक सत्याग्रह मानती थीं। उनके बारे में गांधी जी ने लिखा—"सत्याग्रही की कभी हार नहीं होती। कोई उसकी बात मान ले तब भी वह जीतता है और यदि नहीं मानता तब भी विजय उसी की होती है। बस, उसे पूरे मन से प्रयास करना चाहिए, परिणाम की चिन्ता नहीं करनी चाहिए।"

मदर टेरेसा समूचे आत्मविश्वास और अटूट संकल्प के साथ सेवा-कार्य में लगी थीं। वे गरीबों के लिए भिक्षा या दान मांगने में भी संकोच नहीं करती थीं। एक बार मां ने एक सिस्टर से कहा—"देखो ये अमीर लोगों के मकानों की कतारें हैं, जाओ इन मकानों से अनाथ बच्चों के लिए खाना मांगकर लाओ।" सिस्टर घबरा गई। उसने अपनी गर्दन हिलाकर असहमति जता दी। तभी मदर बोलीं—"सिस्टर! यह काम तुमको ही करना होगा।"

मदर का आदेश तो हर सिस्टर के लिए ईश्वर का आदेश था। सिस्टर भिक्षा की झोली लेकर निकल पड़ी। जिस दरवाजे पर पहुंची उसी पर उसने अनाथों के लिए

भिक्षा मांगी। लोग दरवाजा खोलते और भिक्षा का दान जमीन पर फेंक देते, सिस्टर उसे उठाकर अपनी झोली में रख लेती। एक घर से 80 वर्ष से अधिक आयु के एक वृद्ध सीढ़ियों से उतर कर आए और उन्होंने श्रद्धा के साथ दान-सामग्री सिस्टर के हाथों में थमाई। सिस्टर को पहली बार लगा कि वह एक सच्चे हिन्दुस्तानी से मिली है। उसकी आंखों में भावातिरेक से आंसू आ गए।

एक बार एक गरीब पंगु युवक के लिए एक जोड़ी कृत्रिम पैरों की आवश्यकता थी। मदर ने एक विदेशी दूतावास से मदद मांगी। दूतावास ने मदर की बात मान ली। युवक के लिए कृत्रिम पैरों का इन्तजाम हो गया।

एक दिन मदर ने पांच लड़कियों के पिता को फुटपाथ पर पड़े देखा तो उन्हें बड़ा अटपटा महसूस हुआ। बात करने पर पता लगा कि पिता को सहयोग की जरूरत हैं जगह की कमी होते हुए भी मदर ने उसे परिवार को अपने यहाँ बुला दिया और बोलीं–''नमक-भात की कमी नहीं रहेगी। इतने बड़े परिवार में छः सदस्य और सही।''

मदर ने जब मोती झील में अपना स्कूल शुरू किया था जो उनके पास केवल पांच रु. की पूंजी थी। जब काम शुरू हुआ तो लोगों का सहयोग मिलता चला गया। इस पर मां ने टिप्पणी की थी–''लोगों ने खुद ही ढूंढ-ढूंढ़कर मेरा और मेरे काम का पता लगाया। वे स्वयं ही रुपए इकट्ठे करके लाए, सामान जुटाकर लाए। यह सब ईश्वर की महिमा नहीं तो और क्या है?''

मदर को ईश्वरीय शक्ति पर पूरा भरोसा था। वे गरीबों के लिए बड़ी से बड़ी योजना को भी इसी विश्वास के साथ हाथ में ले लेती थीं कि ईश्वर अपने आप मदद करेगा। उनके विश्वास को कभी ठेस नहीं पहुंची। प्रभु ने हमेशा उनका साथ दिया।

ठंड का मौसम था। रजाइयों की कमी पड़ गयी थी। रजाइयों के लिए कपड़ा तो था, परन्तु रूई नहीं थी। मदर ने फैसला किया कि वे अपने तकिए की रूई निकाल कर कम से एक रजाई तो भरवा लें वरना रात कैसे कटेगी। ज्यों ही उन्होंने अपने तकिए को हाथ लगाया, उनके दरवाजे की घंटी बज उठी। एक व्यक्ति ने कम्बल और चादर सहित पूरा बिस्तर लिए हुए प्रवेश किया और बोला–''मदर मुझे नौकरी के लिए विदेश जाना है मेरी बड़ी इच्छा है कि अपना बिस्तर मैं आपको देकर जाऊँ, क्या आप इसे स्वीकार करेंगी।'' मदर उस व्यक्ति को एकटक देखती रह गईं, फिर उन्होंने प्रभु को मन ही मन धन्यवाद देते हुए वह बिस्तर स्वीकार कर लिया।

एक दिन मदर के पास चावल खत्म हो गए। मदर सोच ही रही थी कि आज दोपहर के भोजन के लिए चावलों का इन्तजाम कैसे हो? तभी एक स्त्री चावल के

बोरे के साथ रिक्शे में आई और मदर को एक बोरा चावल दान में देकर चली गई। टेरेसा जी ने प्रभु की कृपा समझकर उसे स्वीकार किया।

आचार्य जगदीश बसु रोड पर 'निर्मला शिशु भवन' है। इस भवन में नन्हें-नन्हें छोटे-छोटे बच्चों की बड़ी संख्या है। अनेक शिशु पालने में पड़े हुए, अनेक सिस्टरों के साथ खेलते हुए और धमाचौकड़ी मचाते हुए देखे जा सकते हैं। इन सभी बच्चों को देखभाल मिशन की नीली किनारी की सफेद साड़ी वाली बहनें करती हैं। इनमें से अनेक बच्चे अस्पतालों से आते हैं। अनेक कूड़ेदानों से उठाकर लाए गए हैं, अवैध संतानों को पूरी सुरक्षा देकर उन्हें पाल-पोषकर बड़ा करना मदर ने अपना प्रमुख धर्म बना लिया था। लोक-लाज के कारण अविवाहित स्त्रियां बच्चे को जन्म देकर छोड़कर चली जाती हैं तो समाज में कोई भी उसे अपनाने को तैयार नहीं होता। मदर ने हिन्दुस्तान जैसे नैतिक मर्यादाओं वाले देश की इस विडंबना को समझते हुए ऐसे बालकों को अपने आश्रम में स्थान दिया।

युवतियों के लिए की प्रेरणा स्रोत बनीं

मदर टेरेसा ने अपने जीवन को इतना प्रेरणा स्त्रोत बना दिया था जिसमें विश्व की युवतियों को मानव सेवा के लिए प्रेरित किया। सिस्टर क्लेयर (किरण दत्त), सिस्टर वर्नाड (रोजारिओ), सिस्टर डोरोथी फ्रांसिस (गोमेज), सिस्टर गर्दूड (गोमेज), सिस्टर लेटीसिया (माइकेल गोमेज की दीदी की बेटी), सिस्टर फ्रांसिस्का (रोजारिओ), सिस्टर फ्लोरेंस विंसेंट (गोमेज), सिस्टर मार्ग्रेट मेरी (रेजिना गोमेज) ये सभी युवितयां 19 मार्च 1949 को मदर के पास अपना पूरा जीवन मिशन को देने के इरादे से आई थीं और फिर मदर की वफादार सहयोगिनियां बन गईं। ये सभी मदर की विद्यार्थी रह चुकी थीं। इनसे पहले सुभाषिणी दास सिस्टर 'एग्नेस' नाम धारण कर मदर की प्रथम शिष्य बनने का सौभाग्य प्राप्त कर चुकी थीं। इसके बाद मदर की टीम में शामिल होने के लिए एक के बाद एक अनेक युवतियां आती गईं।

मदर की एक सहयोगिनी थीं सिस्टर ऐंड्रिएस। वे बहुत योग्य डॉक्टर थीं। एम.बी.बी.एस. की परीक्षा में बैठीं तो उन्हें स्वर्ण पदक मिला। लेकिन मदर को उनका स्वर्ण पदक धारण करना मिशन की संन्यासिनी की मर्यादा के प्रतिकूल लगा। उन्होंने सिस्टर ऐंड्रिएस ने कहा–"तुम इस पदक का क्या करोगी? तुमने तो अपना जीवन मिशन के लिए समर्पित कर दिया। इसे वापस कर दो। इससे दूसरे स्थान वाले प्रत्याशी का भला हो जाएगा। वह प्रैक्टिस करेगा तो उसका फायदा हो जाएगा, तुम्हें तो प्रैक्टिस करनी नहीं है। तुम्हारा जीवन त्याग-तपस्या का उदाहरण होना चाहिए।"

माँ की बात सुनते ही सिस्टर से स्वर्ण पदक लौटा दिया। वह स्वर्ण पदक दूसरे स्थान पर आने वाले ऐसे प्रत्याशी को मिला जो गरीब घर का था। उस प्रत्याशी ने मदर और उनकी संस्था के प्रति आभार प्रकट किया और मिशन को सहयोग दिया।

मदर जी का ऐसा प्रभाव था जिससे सभी युवतियाँ उनकी हर बात को बड़ी सहजता से स्वीकार कर लेती थीं। त्याग की मूर्ति मदर टेरेसा बहुत कम खाती थीं। सादा जीवन और भारी दायित्व में विश्वास करने वाली मदर के कंधों पर बहुत बोझ था। वे पतली दुबली और कमजोर थीं परन्तु उनकी संकल्प शक्ति और निष्ठा इतनी बलवान थी कि दुनिया की कोई बाधा उनका मार्ग नहीं रोक सकती थी। मदर को अपनी सहयोगिनियों पर बड़ा गर्व था। उन्हें विश्वास था कि उनके न रहने पर उनका काम रुकेगा नहीं। उनकी अनेक सहयोगिनियाँ इस योग्य हैं कि मदर की जिम्मेदारियों को बखूबी निभा सकती हैं।

टेरेसा जी को पत्रकार सम्मेलन में ज्यादा रुचि नहीं थी। वे केवल काम में विश्वास करती थीं, काम के प्रचार में नहीं। उनके काम को कोई सराहे या उसकी निन्दा करे मदर को इसकी तनिक भी परवाह नहीं थी। उन्हें तो बस एक ही धुन थी कि कहीं कोई अनाथ दीन-दुखी मिले तो वे उसे उठाकर अपने 'होम' में ले आएं, उसकी सेवा करें और उसे यह अहसास करा दें कि दुनिया अभी इतनी बुरी नहीं हुई है कि अनाथों को अपनाने वाला कोई नहीं रहा है। मानवता का दीप जल रहा है, सदा जलता रहेगा।

7

भारतीय महापुरुषों के साथ संबंध

महात्मा गांधी के प्रति निष्ठा भाव

महात्मा गांधी के प्रति मदर टेरेसा में काफी सम्मान भाव था। वे राष्ट्रपिता महात्मा गांधी को विश्व के शान्ति दूत के रूप में मानती थीं। उन्होंने शान्ति-अहिंसा का जो पाठ विश्व को पढ़ाया था, उसकी सराहना मदर टेरेसा मुक्त कंठ से किया करती थीं। वे गांधी जी के प्रति अपनी श्रद्धा अर्पित करने गांधी समाधि पर भी गयी थीं।

एक बार नवीन चावला ने मदर को विश्व की सबसे प्रभावशाली महिला कहा था। इस पर मदर टेरेसा ने टिप्पणी की थी–

"यदि मैं प्रभावशाली महिला होती तो इस दुनिया में अमन न कायम कर देती!"

जब चावला ने उनसे पूछा कि युद्ध रोकने के लिये उन्होंने अपने प्रभाव का प्रयोग क्यों नहीं किया। तो उन्होंने जवाब दिया कि, "युद्ध राजनीति का परिणाम है, अगर मैं राजनीति में उलझ जाऊं तो मैं प्रेम करना छोड़ दूंगी, क्योंकि तब मुझे सबका नहीं, बल्कि किसी एक का साथ देना होगा।"

मदर टेरेसा के अनुसार व्यक्ति को अपने पड़ोसियों का ख्याल रखना चाहिये, उनकी दृष्टि में पड़ोसियों से प्रेमभाव रखकर मनुष्य ईश्वर के समीप पहुंच जाता है।

एक बार मदर टेरेसा ने बड़े ही आस्थावान शब्दों में कहा था, "हमसे कामयाब नहीं बल्कि आस्थावान होने के लिये कहा जाता है।" अपने जीवन में उन्होंने इस आस्था की मिसाल कायम की, प्रार्थना–प्रेम, सेवा तथा शान्ति में आस्था।

यदि आज हम लोग एक साथ हैं, तो इस अवसर को प्रदान करने के लिये हमें ईश्वर का धन्यवाद अदा करना चाहिये। शान्ति का यह उपहार हमें अपने जीवन मे स्थायी शान्ति का निर्माण करने की याद दिलाता है। ईश्वार इस संसार को बहुत प्यार करते हैं, इसी कारण उन्होंने अपने बेटे जीसस को पृथ्वी पर शान्ति तथा खुशहाली का प्रकाश फैलाने के लिये भेजा।

इस बात में कोई शक नहीं कि मदर टेरेसा विराट् करुणा और ममता की साक्षात मूर्ति थीं। उनके हार्दिक उद्‌गार हैं! "प्रत्येक मनुष्य के अन्दर मैं प्रभु यीशु को देखती हूं। भूख से व्याकुल व्यक्ति की देखकर कुछ समय ऐसा लगता है कि यीशू को ही खिला रही हूं और जब सेवा करती हूं तब भी वही दृश्य मेरी आंखों के समक्ष प्रकट हो जाता है। किसी के हाथ-पैरों या शरीर में या किसी और जगह घाव साफ करते समय ऐसा लगता है कि यीशू की पवित्र देह को धो दिया है। यह सुख शब्दों में नहीं बताया जा सकता, यह तो केवल महसूस करने की चीज है।" मदर

की धर्म में दृढ़ आस्था थी। उनके मतानुसार, "ईश्वर में भक्ति, मनुष्य में प्रेम और हृदय में शान्ति ही धर्म है।"

मदर टेरेसा के विचार से उनके कार्यों की महानता साबित हो जाती है और यह स्मरण होता है कि इस महान नारी ने अपना सम्पूर्ण जीवन सिर्फ दूसरों की भलाई में ही समार्पित कर दिया।

नेहरू से भेंट

भारतीय स्वतंत्रता आन्दोलन तथा देश को आजादी दिलाने में राष्ट्रपिता महात्मा गांधी द्वारा चलाये गये अहिंसा आंदोलन का सराहनीय योगदान रहा है। वास्तव में इस आन्दोलन ने ब्रिटिश सरकार की जड़ें हिला कर रख दी थी। भारत के वीर सपूतों का बलिदान रंग ला रहा था जिसके फलस्वरूप 15 अगस्त, 1947 को भारत स्वतंत्र हुआ तथा लगभग समस्त घरों में खुशी के दीप जलाये गये। स्वतन्त्र भारत के प्रथम प्रधानमंत्री पं. जवाहर लाल नेहरू ने स्वतन्त्रता के मौके पर समस्त भारतीय को बधाइयां दीं।

प. जवाहर लाल नेहरू एक बार कोलकाता गये थे जहां पर मदर टेरेसा क्रिसमस का त्यौहार बड़ी धूमधाम से मना रही थीं। एक सरकारी कॉलेज में समारोह का आयोजन किया गया था जिसमें बंगाल के मुख्यमंत्री को अतिथि के रूप में आमंत्रित किया गया था। जब पं. नेहरू को इस समारोह की सूचना मिली तो उन्होंने वायरलेस पर मदर से बातचीत की और इस समारोह में हिस्सा लेने की इच्छा जाहिर की और कहा कि। "यह मेरे लिये गर्व की बात होगी।" मदर ने नेहरू जी को उत्तर दिया, "बच्चे आपको अपने बीच पाकर बहुत प्रसन्न होंगे। आपका बहुत-बहुत स्वागत है।"

जब क्रिसमस के उत्सव में नेहरू पहुंचे तो वहां के सुन्दरता और बढ़ गयी। बच्चे उन्हें अपने बीच पाकर उछल पड़े। बच्चों के प्रिय चाचा नेहरू ने उनसे खुल कर बात की। क्रिसमस का उत्सव बड़े उत्साह से मनाया गया। नेहरू जी ने मदर के सेवा-कार्यों की काफी तारीफ की।

सन् 1960 में प. जवाहर लाल नेहरू के हाथों मदर टेरेसा के होम का उद्घाटन होने वाला था परंतु नेहरू का स्वास्थ्य खराब होने के कारण यह उद्घाटन किसी दूसरे के हाथों से करने का निश्चय किया गया। फिर भी नेहरू जी वहां पहुंच गये। उन्होंने 'मदर होम' का उद्घाटन किया। इसके पश्चात् मदर पं. नेहरू से बोलीं—"यदि आप आज्ञा दें तो मैं अपनी संस्था 'मिशन ऑफ चैरिटी' के विषय में आपको विस्तार से बताऊं?"

इसका उत्तर देते हुए नेहरू जी ने कहा कि "मदर, मुझे पता है कि आपकी संस्था किसी परिच्चय की मोहताज नहीं है। विश्व के सभी लोग इसके विषय में जानते हैं। पूरा विश्व आपका तथा आपकी संस्था का ऋणी है।"

नेहरू के द्वारा दिया गया उत्तर बिल्कुल सही था। अपने सेवा कार्यों से मदर तथा उनकी संस्था 'मिशनरीज ऑफ चैरिटी' अपने सेवा कार्यों के कारण वौश्विक स्तर पर लोकप्रियता हासिल कर चुकी थी। मदर की 'पद्‌मश्री' सम्मान से विभूषित करने के लिए नेहरू जी ने भारत के प्रथम राष्ट्रपति डॉ. राजेन्द्र प्रसाद से अनुमोदन किया। उनकी इस राय से राष्ट्रपति महोदय सहमत हो गये। कुछ दिनों बाद मदर को 'पद्‌मश्री' हेतु सूचना दी गयी परंतु इन्होंने विगत दो वर्षों से इस सम्मान को लेने से मना करती रही। सन् 1962 में भी उनका इरादा नहीं था कि वे इस सम्मान को प्राप्त करें। किन्तु बिशप के आदेश पर वे इस सम्मान को हेतु सहमत हो गयीं।

मदर टेरेसा इस सम्मान को लेने हेतु राष्ट्रपति भवन पहुंचीं। राष्ट्रपति भवन का आलीशान हाल एकदम शान्त था। सभी दर्शकगण गम्भीर मुद्रा में बैठे हुये थे। जिस समय मदर को मंच पर बुलाया गया तो राष्ट्रपति डॉ. राजेन्द्र प्रसाद की आंखों से आंसू निकल पड़े। सफेद साड़ी धारण किये मदर टेरेसा उन्हें साक्षात् ममता तथा दया की मूरत लग रही थीं। राष्ट्रपति महोदय का भाव-विभोर होना वास्तव में एक सामान्य घटना ही थी। उन्होंने प्रसन्नता के साथ मदर को 'पद्‌मश्री' से सम्मानित किया। पूरा हॉल तालियों की गड़गड़ाहट से गूंज उठा। मदर टेरेसा के लिए यह पुरस्कार किसी गरीब की सेवा करके मिलने वाले सुख से कम नहीं था।

पद्‌मश्री पुरस्कार से सम्मानित होने के बाद मदर कोलकाता वापस आ गयीं। यहां आने के बाद वे छात्राओं का एक दल गठित कीं। बस्तियों में जाकर बच्चों को पढ़ाना इस दल का प्रमुख उद्देश्य था। दल का नेतृत्व मदर ने सुभाषिणी दास को सौंपा। सुभाषिणी पहले सेंट मेरी स्कूल की छात्रा और मदर उस स्कूल की प्रधानाचार्य थीं। मदर टेरेसा का सुभाषिणी से काफी लगाव था। सुभाषिणी की योग्यता को देखते हुये उन्होंने उसे दल का नेतृत्व करने का दायित्व सौंपा। छात्राओं का दल बस्तियों में जाकर बच्चों को पढ़ाया करता था। सभी छात्राओं को इस कार्य को करने में बड़ी आत्मसन्तुष्टि मिलाती थी। एक दिन सुभाषिणी मदर टेरेसा से कहा कि "मदर! हम अपना मार्गदर्शक चाहते हैं। क्या आप हमारी मार्गदर्शक बनेंगी।" मदर ने कहा—"क्यों नहीं! किन्तु मुझे थोड़ा समय दो, मैं अपने आप बता दूंगी।"

कुछ दिनों के उपरान्त मदर ने सुभाषिणी को बताया कि "मैं तुम्हारे मार्गदर्शन के लिये तैयार हूं।" यह खबर सुनकर सुभाषिणी काफी खुश हुई वह तुरन्त ही मदर से मिलने गई। मदर ने उससे पूछा–"क्या तुम दीन-दुखियों व गरीबों की सेवा करोगी?"

सुभाषिणी बोली–हां "अवश्य करूंगी। बस आप आज्ञा दें।"

मदर ने कहा–"सेवा कार्य में आने के पश्चात् तुम्हें वैयक्तिक सुख का परित्याग करना होगा, तुम्हें केवल गरीबों के आशीर्वाद के अतिरिक्त कुछ नहीं मिलेगा। अब सोच लो। निर्णय तम्हें लेना है।"

सुभाषिणी ने दृढ़ता से कहा–"मुझे सेवा कार्य करना है। मैं निर्णय ले चुकी हूं।"

"ठीक है। किन्तु अब अपने निर्णय से पीछे मत हटना।" सुभाषिणी काफी खुश थी। मदर ने उसकी बात मानकर उसे स्वीकार कर लिया था। वह प्रसन्नता के साथ अपने घर पहुंची।

जब सुभाषिणी अपने घर पहुंची तब उसे पता चला कि उसका विवाह तय कर दिया गया है। उसके पिता ने यह बात बतायी।

सुभाषिणी ने गम्भीरता से कहा–"मैं विवाह नहीं करना चाहती, पिता जी।"

सुभाषिणी के पिता चकित रह गये। वे बोले–

"यह तुम क्या कह रही हो बेटी?"

सुभाषिणी ने कहा कि–"मैंने अपने जीवन को गरीबों की सेवा के लिये समर्पित कर दिया है। मैं मदर टेरेसा के साथ कार्य करूंगी। इसके लिये मुझे सांसारिक सुखों से वंचित रहना होगा।"

सुभाषिणी की बात सुनकर उसके घर वाले स्तब्ध रह गये। उसके पिता को लगा कि समाज में उनकी हंसी उठेगी, जो उन्हें कतई मंजूर नहीं था। उन्होंने अपनी बेटी को बहुत समझाया, किन्तु वह अपने निर्णय पर अटल थी।

अन्त में हारमान कर उसके पिता मदर के पास गये और उनसे अनुरोध किया कि–"मेरी बेटी सुभाषिणी को आप समझायें कि वह विवाह के लिये राजी हो जाये। हम तो उसे समझाते-समझाते थक चुके हैं, वह हमारी एक नहीं सुन रही है।"

मदर ने सुभाषिणी के पिता को समझाते हुए कहा कि–"सुभाषिणी अब बच्ची नहीं है। वह बालिग हो चुकी है। अपने जीवन के निर्णय स्वयं लेने का उसे अधिकार है। वह जो भी निर्णय लेगी, मैं उसका स्वागत करूंगी। वह निर्णय लेने के लिये

स्वतन्त्र है। इसलिये मेरे समझाने का कोई सवाल ही नहीं पैदा होता। आप भवाकुता में न बहें तथा अपनी बेटी के विवेकपूर्ण निर्णय का स्वागत करें।"

सुभाषिणी के माता-पिता ने अपनी बेटी के निर्णय से दुखी होकर उस पर मुकदमा दायर कर दिया। अदालत में दोनों पक्षों की पेशी हुई। मदर के साथ सुभाषिणी भी अदालत में उपस्थित थी। वह मदर के कंधे पर अपना सिर रखकर रो रही थी। मदर प्रेमपूर्वक उसके बालों को सहलाकर उसे सान्त्वना दे रही थीं।

इस दृश्य को न्यायाधीश महोदय बड़े ध्यान से देख रहे थे। उनकी दृष्टि बड़ी पारखी थी। अंत में न्यायाधीश ने सुभाषिणी के पक्ष में फैसला सुनाते हुए कहा कि–"युवती सुभाषिणी की मानसिक दशा देखकर अदालत इस फैसले पर पहुंची है कि वह कोई अभियुक्त नहीं है। उसका निर्णय अदालत को मान्य है, वह बालिग है। उसे अपने जीवन का निर्णय लेने का पूर्ण अधिकार है।"

न्यायाधीश का निर्णय सुनकर सुभाषिणी के माता-पिता चुप हो गये और उन्हें अपनी बेटी द्वारा लिया गया निर्णय स्वीकार करना पड़ा।

न्यायालय का फैसला सुनने के बाद सुभाषिणी अपने पिता के घर न जाकर बल्कि मदर टेरेसा के घर चली गयी जहां वह काफी खुश नजर आ रही थी। मदर के सम्मान में उसने अपना नाम बदलकर 'एग्नेस' रख दिया तथा लोग उसे 'सिस्टर एग्नेस' बुलाने लगे। मदर के साथ सिस्टर एग्नेस ने भी संन्यासी जैसा जीवन गुजारा। वह मदर की प्रथम शिष्या थी। उन्होंने जी-जान से गरीबों तथा दुखियों की सेवा की। मदर टेरेसा के न रहने पर सिस्टर एग्नेस संख्या के कार्यों के संचालन अच्छी प्रकार किया। आज जब लोग मदर की याद करते है तब एग्नेल की याद लोगों को स्वयं आ जाती है।

नेहरूजी मदर टेरेसा की कार्यशैली से इतने प्रभावित थे कि वे अक्सर अपने भाषणों में उनकी प्रशंसा किया करते थे। उन्होंने मदर की बहुत सहायता की। 1962 में मदर को पद्मश्री पुरस्कार प्रदान किया गया। राष्ट्रपति भवन के दरबार हॉल में भव्य समारोह के बीच मदर को यह पुरस्कार भारत के तत्कालीन राष्ट्रपति डॉ. राजेन्द्र प्रसाद ने दिया। पं. नेहरू उस समय अपनी बहन विजयलक्ष्मी पंडित और बेटी इन्दिरा गांधी के साथ समारोह में मौजूद थे। पुरस्कार देते समय डॉ. राजेन्द्रप्रसाद इतने भावुक हो गए थे कि उनकी आंखों से आँसू टपक पड़े। नेहरूजी की भी आंखें भर आईं।

क्रिसमस के अवसर पर नेहरू जी व मदर टेरेसा साथ-साथ

25 दिसम्बर, 1950; कोलकाता में मदर टेरेसा ने गवर्नमेंट हाउस में क्रिसमस का आयोजन किया था। मिशनरीज ऑफ चैरिटी की स्थापना इसी वर्ष अक्टूबर में

हुई थी। यह संस्था का पहला क्रिसमस था। बंगाल के तत्कालीन राज्यपाल श्री हीरेन मुखर्जी उत्सव में आमंत्रित थे।

समारोह आरंभ होने से ठीक पहले राज्यपाल समारोह में आ पहुँचे। तभी मदर को संदेश मिला कि भारत के प्रधानमंत्री श्री जवाहरलाल नेहरू उत्सव में शामिल होना चाहते हैं। मदर प्रसन्नता से खिल उठीं। उन्होंने नेहरू जी से निवेदन किया कि वे अवश्य पधारें, उनका हार्दिक स्वागत है।

नेहरू जी आ पहुँचे। उनके साथ तत्कालीन विदेश मंत्री श्री कृष्ण मेनन भी थे। नेहरू जी को बच्चों के साथ घुलना-मिलना बहुत अच्छा लगता था। आते ही वे बच्चों के बीच चले गए। बच्चों ने उन्हें चारों ओर से घेर लिया। इससे नेहरू जी को बहुत प्रसन्नता हुयी।

नेहरू जी ने मदर टेरेसा के सेवा-कार्य की प्रशंसा की और उन्हें सरकार की ओर से हर तरह के सहयोग का आश्वासन दिया। देश के प्रधानमंत्री से संरक्षण पाकर टेरेसा जी का मनोबेल और ऊँचा हो गया। वे पूरे मनोयोग से सेवा-कार्य में जुट गईं।

नेहरू जी ने अपने प्रधानमंत्री काल में मदर को खुला सहयोग दिया। अनेक अवसरों पर वे मदर के सेवा-कार्य का उदाहरण दिया करते थे। वे चाहते थे कि भारतीय भी गरीबों और दीन-हीनों के दुख-दर्दों को उसी तरह समझें जैसे विदेशी मिशनरी समझते हैं। अनाथों और उपेक्षितों की देखभाल करना सम्पन्न नागरिकों का प्रथम कर्त्तव्य है।

1960 में नेहरू जी ने मदर टेरेसा का नाम 'पद्मम श्री' पुरस्कार के लिए राष्ट्रपति के पास भेज दिया। 1962 में उन्हें भारत के प्रथम राष्ट्रपति डॉ. राजेन्द्र प्रसाद ने 'पद्मम श्री' प्रदान किया।

इन्दिराजी से सम्बन्ध

1966 में इन्दिराजी ने भारत की प्रधानमंत्री बनी। इन्दिराजी भी मदर टेरेसा से घनिष्ट संबंध रखती थीं। इन्दिराजी ने अपना सीधा फोन नम्बर मदर टेरेसा को दे रखा था। वे किसी भी समय इन्दिराजी से बात कर सकती थीं। इन्दिराजी अनेक बार मदर टेरेसा से मिलीं।

इन्दिराजी से मदर को भी बहुत लगाव था। भारत को एक विदेशी महिला ने अपना राष्ट्र स्वीकार कर लिया। दीन-दुखियों की सेवा में लगी मदर को देश की प्रधानमंत्री से इतना अपनापन मिला कि वे गद्गद् थीं।

प्रधान मंत्री श्रीमति इन्दिराजी ने मदर के बारे में लिखा–"To meet her is to feel utterly humble, to sense the power to tenderness, the strength of love."

भारत की प्रधानमंत्री श्रीमती इन्दिरा गांधी से मदर टेरेसा का लगाव व सम्बन्ध बहुत मधुर था। इन्दिरा गांधी कहा करती थीं कि जो एक बार मदर से मुलाकत कर ले, उसके हृदय में दया की भावना जाग्रत हो जाती है। चाहे वह व्यक्ति दिल का कितना भी कठोर क्यों न हो! मदर से मिलकर हर एक को यह अनुभव होता था कि जैसे उसकी मुलाकत ईश्वर से हो गयी हो।

अपने सचिव को इन्द्रिरा ने विशेष रूप से यह निर्देश दिया था कि जब भी मदर का फोन आये, फौरन उनसे बात कराई जाये। व्यस्त होने के पश्चात् भी इन्दिरा जी मदर के कार्यों में पूरी रुचि लेती थीं। मदर के 'मिशनरीज ऑफ चैरिटी' पर इन्दिरा जी अधिक विचार-विमर्श किया करती थीं। मदर की अनुपस्थिति में उस संस्था की देखभाल इन्दिरा जी ही किया करती थीं। एक बार दिल्ली के 'शिशु भवन' में मात्र चावल ही खाने को बचे थे। मदर ने सोचा कि बच्चों को चावल पकाकर खिला दिये जायें। तभी अचानक सब्जियों से लदी एक गाड़ी शिशु भवन में आकर रूकी जिसे इन्दिरा जी ने भिजवाया था। सब्जियां शिशु भवन में उतारी गयीं। मदर खुशी से गद्गद् हो उठीं, उन्होंने चावलों के साथ सब्जियां भी बनावायी।

प्रायः इन्दिरा गांधी मदर से फोन पर बातचीत किया करती थी और उनके होम की समस्याओं के बारे में अवगत होती रहती थीं तथा उन समस्याओं को दूर करने का प्रयत्न भी करती थीं। इन्दिरा गांधी के बगीचे में जब सब्जियां तैयार हो जाती थी तब वे इसे मदर के होम में गरीब तथा अनाथ बच्चों के लिये भिजवा दिया करती थीं। अतः उक्त तथ्यों का अध्ययन करने से यह स्पष्ट हो जाता है कि मदर टेरेसा से इन्दिरा गांधी का प्रेमभाव काफी गहरा था।

8

अन्तर्राष्ट्रीय ख्याति और उपलब्धियां

27 अगस्त 1910 को यूगोस्लाविया में जन्मी एग्नेस गोंझा ही मदर टेरेसा बनीं। मात्र अठारह वर्ष की उम्र में लोरेटो सिस्टर्स में दीक्षा लेकर वे सिस्टर टेरेसा बनीं थी। फिर वे भारत आकर ईसाई ननों की तरह अध्यापन से जुड़ गई। कोलकाता के सेंट मेरीज हाईस्कूल में पढ़ाने के दौरान एक दिन कॉवेंट की दीवारों के बाहर फैली दरिद्रता देख वे विचलित हो गईं। वह पीड़ा उनसे बर्दाश्त नहीं हुई और गंदी बस्तियों में जाकर सेवा कार्य करने लगीं। इस दौरान 1948 में उन्होंने वहां के बच्चों को पढ़ाने के लिए एक स्कूल खोला और तत्पश्चात मिश नरीज ऑफ चैरिटी की स्थापना की।

सच्ची लगन और मेहनत से किया गया काम कभी निष्फल नहीं होता, यह कहावत मदर टेरेसा के साथ सच साबित हुई। काम इतना बढ़ता गया कि सन् 1996 तक उनकी संस्था ने करीब 125 देशों में 755 निराश्रित गृह खोलें जिससे करीबन पांच लाख लोगों की भूख मिटाने लगी

हमेशा नीली किनारी की सफेद धोती पहनने वाली मदर टेरेसा का कहना था कि दुखी मानवता की सेवा ही जीवन का व्रत होना चाहिए। हर कोई किसी न किसी रूप में भगवान है या फिर प्रेम का सबसे महान रूप है सेवा। यह उनके द्वारा कहे गए सिर्फ अनमोल वचन नहीं है बल्कि यह उस महान आत्मा के विचार हैं जिसने कुष्ठ और तपेदिक जैसे रोगियों की सेवा कर संपूर्ण विश्व में शांति और मानवता का संदेश दिया।

लाखों लोगों के इलाज में वे स्वयं जुट गई और शांति के लिए नोबेल पुरस्कार से नवाजी गईं थीं नदर टेरेसा।

मदर टेरेसा आज हमारे बीच में नहीं हैं लेकिन उनके विचारों को मिशनरीज ऑफ चैरिटी की सिस्टर्स आज भी जीवित रखे हुए हैं। उन्हीं में से कुछ सिस्टर्स आज भी सेवा कार्य में जुटी हुई हैं। मिशनरीज ऑफ चैरिटी में रह रही सिस्टर्स तन-मन-धन से अनाथों की सेवा में लगी हुई हैं। सिस्टर्स मानती हैं कि हम लोग जो भी कार्य

कर रहे हैं उसके लिए ईश्वर का धन्यवाद देते हैं, कि उसने हमें इस काम के योग्य समझा। उनकी यह सेवा पूरी तरह निस्वार्थ सेवा है।

सिस्टर्स के साथ दूसरे सहयोगी भी हैं जो कि होम में रह रहे मरीजों की सेवा करते हैं। उनकी साफ-सफाई का ध्यान रखते हैं, उन्हें अच्छा खाना देते हैं। उनके लिए धर्म, जाति और वर्ग का कोई मतलब नहीं है। यहां सभी धर्मों के लोग आते हैं और एक साथ रहते हैं। उनका कार्य बस उनकी सेवा करना है। अगर किसी की मृत्यु होती है, तो उसका अंतिम संस्कार भी उसी के धर्मानुसार ही किया जाता है।

कहा जाता है कि मदर टेरेसा द्वारा स्थापित मिशनरीज ऑफ चैरिटी की शाखाएं असहाय और अनाथों का घर है।

मदर टेरेसा ने अपना सम्पूर्ण जीवन कोलकाता की मलिन बस्तियों में गरीबों तथा बीमार लोगों की सेवा में बिताया। उन्हें लोगों ने महानतम नागरिक घोषित किया। सन् 1979 में मदर टेरेसा को विश्व का प्रतिष्ठित नोबल पुरस्कार शान्ति के लिये प्रदान किया गया।

जब भारत में यह खबर मिली कि मदर टेरेसा को नोबेल पुरस्कार दिया गया तो लोग काफी खुश हुए। मदर की संस्था "मिशनरी ऑफ चैरिटी" की प्रमुख सिस्टर निर्मला ने कहा था कि हम लोगों को यह समाचार सुनकर बहुत गर्व और खुशी महसूस हुई।

नोबेल पुरस्कार पर मदर ने प्रतिक्रिया दी कि "मैं इस योग्य नहीं हूं।"

उन्होंने नोबेल पुरस्कार के आयोजकों को लिखा– "वे गरीब तथा रोगियों के लिये इस सम्मान को स्वीकार करेंगी।"

ओस्लो के समारोह में नोबेल कमेटी के तत्कालीन अध्यक्ष जॉन सैन्नेस ने मदर के विषय में कहा– "व्यक्ति तथा उसकी अहमियत तथा मर्यादा का सम्मान ही उसके काम की विशेषता थी। वे और उनकी सिस्टर्स मनुष्य में बसे ईसा के प्रति अपनी श्रद्धा के आधार पर सबसे अकेले व्यक्ति और सबसे अधिक परेशान, मरणासन्न, पतित कुष्ठरोगी को पूरी करूणा के साथ अपनाती हैं। उनकी नजरों में पारम्परिक अर्थों में लेने वाला व्यक्ति दाता भी है–और वह सबसे ज्यादा देता भी है।"

यद्यपि मदर टेरेसा कट्टर कैथोलिक थीं, पर अन्य धर्मों के प्रति भी वे सम्मान भाव रखती थीं। वे मानती थीं कि जिस व्यक्ति की देखभाल वे कर रही थीं, वह परेशान ईसा का रूप है, इसी कारण से वे हर धर्म के व्यक्ति की सेवा-शुश्रुषा करती थीं। अपने जिस विश्वास के दम पर वे कार्य करती थीं, उसी विश्वास के चलते उनके आलोचक उनसे नाराज रहते थे।

अक्सर उन्हें ईसाई धर्म की जानकारी देने वाली पुस्तकों के साथ देखा जाता, जिनका वे अध्ययन करती रहती थीं, उनके आलोचकों के अनुसार वे ईसाई धर्म का प्रचार करने हेतु मोटी-मोटी पुस्तकें अपने साथ रखती थीं। उनके आलोचक उन्हें दक्षिणपंथी साजिश का प्रतीक तथा इससे भी बढ़कर गर्भपात के विरूद्ध वेटिकन के चिरपरिचित विचार की प्रवक्ता मानते थे। किन्तु मदर टेरेसा अपनी इस प्रकार की आलोचनाओं को हमेशा नजर अंदाज किया, क्योंकि यहां उन्हें काफी सम्मान मिला था।

मदर टेरेसा की ख्याति बढ़ रही थी साथ ही उनकी संस्था का कार्य भी दिनों-दिन बढ़ता जा रहा था। देश-विदेश में नये-नये होम्स की स्थापना हो रही थी। इसके लिये उन्हें विमान से यात्रा करनी पड़ती थी। इस यात्रा में मदर को काफी व्यय उठाना पड़ता था। इसी कारण उन्होंने भारतीय सरकार को पत्र लिखा–

"मुझे एक सहयोगी के साथ एअर इण्डिया के विमानों मे निशुल्क यात्रा करने की अनुमति प्रदान की जाये।" परन्तु सरकार ने मदर के पत्र का कोई उत्तर नहीं दिया। फिर उन्होंने अपना अन्तिम पत्र एअर इण्डिया के अधिकारी के पास भेजा। विवश होकर अधिकारियों ने मदर के पत्र पर विचार किया। उनमें से एक अधिकारी बड़ा कोमल हृदय था। वह मदर के कार्यों से भाली-भांति परिचित था। उसने मदर को एअर इण्डिया के विमानों में मुफ्त यात्रा करने की अनुमति दे दी। फैसले के बाद कई और कम्पनियां भी मदर को मुफ्त हवाई यात्रा प्रदान करने के लिये सामने आयीं। विमान यात्राओं के दौरान वे अध्ययन में रत रहा करती थीं।

मदर टेरेसा को निःशुल्क यात्रा कराकर कम्पनियां बड़ा गौरव महसूस करती थीं। अपनी विमान यात्रा में मदर अपनी सिस्टर्स को निःशुल्क यात्रा कराने की कोशिश करती रहती थीं। विमान में परोसी जाने वाली खाद्य सामग्री जब बच जाती थी तो वे उसे होम ले जाती थीं और उसे निर्धनों को खाने के लिए दे देती थीं। मदर के इस कार्य में जहाज का कैप्टन भी उनकी सहायता करता था। शहर के बड़े-बड़े होटल भी अपने बचे हुए खाने को मदर के होम में भिजवा दिया करते थे। होटल मालिकों के इस कार्य पर मदर उनका आभार प्रकट किया करती थीं।

मदर टेरेसा हर वस्तु को मूल्ययवान समझती थीं। उन्होंने अपने जीवन-काल में किसी भी वस्तु को व्यर्थ नहीं समझा। उनके अनुसार–"यदि कूड़े का सही उपयोग किया जाये तो वह खाद बनकर किसानों के लिये उपयोगी सिद्ध हो सकता है।" वे इस बारे में लिखकर लोगों को जागरूक भी करती रहती थीं।

एक बार मदर टेरेसा ट्राम में बैठकर कहीं जा रही थीं। जब ट्राम एक स्टेशन पर रूकी तो वहां स्टेशन पर मदर ने दो बच्चों को आपस में लड़ाई करते देखा। वे तुरंत उन दोनों बच्चों के पास पहुंचीं। बच्चे नारियल के खोल के लिये लड़ाई कर रहे थे। उन्होंने एक बच्चे से पूछा–

"तुम लोग लड़ क्यों रहे हो?"

बच्चे ने उत्तर दिया– "इस नारियल के खोल के लिये।"

मदर टेरेसा ने कहा–"किन्तु खोल तो और भी पड़े हैं, उन्हें ले लो। इसी खोल में भला ऐसी क्या बात है?"

इस पर बच्चे ने कहा–"इस खोल में पानी है, इस कारण मैं इसे ही लूंगा। मुझे इसका पानी चाहिये।"

दूसरा बच्चा बोला "नहीं–इसे तो मैं। ही लूंगा।"

इसके बाद वे दोनों बच्चे फिर आपस में उलझ गए और असभ्य शब्दों का प्रयोग करने लगे। उनको इस प्रकार लड़ते देखकर मदर को बहुत दुख हुआ। वे उनके भविष्य को लेकर चिन्तित हो गयीं। उन्हें इस बात का दुख था कि ये बच्चे गलत लोगों की संगति पाकर अपराधी बन सकते हैं। उन्होंने सोचा, "बच्चों को नारियल का खोल एकत्र करने का कार्य दे दिया जाये क्योंकि जो नारियल का पानी पीकर इन्हें फेंक देते हैं, वे सम्पन्न होते हैं। इन खोलों को नगर महापालिका भी नहीं हटाती। किन्तु बच्चे अगर इन्हें इकट्ठा करेंगे तो भला हम इसे रखेंगे कहां? वैसे तो इनसे पायदान, दरियां तथा रस्सियां बनायी जा सकती हैं, किन्तु हमारे पास स्थान का अभाव है।"

मदर टेरेसा एक दृढ़ निश्चय वाली महिला थीं। ईश्वर भी उनकी मदद किया करता था। सियालदह में सन् 1973 में भारत की कम्पनी आई.सी.आई. ने जमीन खरीदी थी। वे इस जमीन पर एक प्रोयगशाला बनाना चाहते थे। किन्तु किसी कारणवश वहां प्रयोगशाला न बन सकी थी, क्योंकि वह जमीन कम्पनी के कार्य हेतु सही नहीं थी। मदर टेरेसा अपने सेवा कार्य हेतु उस जमीन को उपयोग में लाना चाहती थी जिसके लिए उन्होंने कम्पनी के अधिकारियों से सम्पर्क भी स्थापित किया, पर अधिकारी उनकी बातों को नजरअंदाज करते रहे। फिर भी बिना विचलित हुए मदर टेरेसा ने अपनी कोशिश जारी रखी। अन्ततः उन्हें वह जमीन प्राप्त हो गयी। मदर को कम्पनी ने वह जमीन दान में दे दी। उस जगह का नाम मदर ने 'प्रेमदान' रखा। जहाँ गरीबों को रखा गया।

इस प्रकार मदर के स्थान की समस्या दूर हो गयी। उन्होंने पूरे कलकत्ता में यह घोषणा करवा दी कि जो बच्चा नारियल के सौ खोल एकत्र करेगा, उसे मदर

की तरफ से बिस्कुट तथा डबल रोटी दी जायेगी। इस सूचना से बच्चों में खोल एकत्र करने की होड़ लग गयी। वे सड़क के किनारे घूम-घूम के खोल एकत्र करने लगे। यदि कोई बच्चा 100 खोल इकट्ठा कर लेता तो वह उनका एक गट्ठर-सा बना कर रख लेता था। मदर होम की गाड़ी सप्ताह में दो बार कलकत्ता का चक्कर लगाती तथा गट्ठरों को इकट्ठा करती। बच्चों को गाड़ी वाला बिस्कुट तथा ब्रेड बांट देता था। मदर का यह अभियान पूरी तरह सफल हुआ था। इससे दो लाभ हुए। एक तो सड़कों की गन्दगी साफ हो गयी और बच्चों का काम के साथ-साथ खाद्य सामग्री भी मिलने लगी। इसी कारण उनका भीख मांगना बन्द हो गया। सैकड़ों लोग आज भी नारियल के खोल एकत्र करके अपनी जीविका चला रहे हैं। यह सब मदर की सूस-बूझ का परिणाम था।

मदर टेरेसा द्वारा स्थापित प्रेमदान सियालदह में आज भी कार्यरत है। इस विशाल आश्रम में हजारों लोगों को रहने की सुविधा प्रदान की जाती है। रात में रूकने वाले बच्चों को दूध और ब्रेड दिया जाता है। अपनी यह सेवा मदर ने किसी विशेष व्यक्ति को नहीं दी, बल्कि उन सभी बच्चों को दी, जो गरीब तथा मुसीबत के मारे थे। प्रेमदान में बच्चों के अतिरिक्त वृद्धों तथा अपंगों को भी रहने की सुविधा दी जाती है। यहां पर एक पुनर्वास केन्द्र भी बनाया गया है।

मदर होम में एक 70 वर्षीय चीनी महिला थी, जिसका नाम "सारा सान" था। उसके पति आभूषणों का व्यापार किया करते थे। पैसों की कोई कमी न होने के बावजूद भी न जाने क्यों सान मदर होम में रह रही थीं। किसी व्यक्ति ने सान से जब इसका कारण पूछा तो उन्होंने बताया कि–

"यह सही है कि मेरे पास धन की कोई कमी नहीं है, मेरे परिवार में बेटा-बहू व नाती-पोते सब हैं, किन्तु मेरे परिवार में मेरा सम्मान केवल पति के जीवनकाल में ही था, उनकी मृत्यु के पश्चात् मेरे बच्चे मुझे बोझ समझने लगे। वे मुझसे अलग रहने लगे। मैं घर में अकेली हो गयी। जब भी मैं अपने बच्चों से बात करना चाहती, तो वे समय के अभाव का बहाना बनाकर मुझे झिड़क देते थे। इससे मुझे बहुत कष्ट होता था, किन्तु मैं अपनी वृद्धावस्था के कारण मजबूर थी। मैं कुछ भी कार्य नहीं कर पाती थी। अकेलापन मुझे काटता था। तभी मेरे मन में मदर होम जाने का विचार आया। घर छोड़ने का मेरा कोई विचार नहीं था, किन्तु मुझे दुखी होकर घर छोड़ना पड़ा। मैं 'मदर होम' चली गयी। यहां पर मेरी एक सहेली रह रही थी। उसके पास भी धन की कोई कमी नहीं थी। अकेलेपन से ऊबकर

यहां आयी थी, लेकिन उससे ज्यादा कष्ट मैंने झेले थे। मेरे घरवाले मुझे कमरे में बन्द कर देते थे। उसके अन्दर मैं घुटती रहती थी। एक दिन मैंने घरवालों से विनती की कि मुझे घर में बन्द मत करो। इस बात पर उन्होंने मुझे घर से बाहर निकाल दिया और ताला लगाकर चले गये। पड़ोसियों के सामने मेरी बड़ी बेइज्जती हुई। रोते-रोते मैं बेहोश हो गयी थी। मेरी बेहोशी की सूचना किसी दयालु व्यक्ति ने मदर के होम तक पहुंचा दी, मदर ने मुझे अपने होम में रख लिया। यहां पर मैं बहुत खुश हूं। यहां पर मुझे बहुत प्यार मिला है। यहां पर मुझसे बात करने वालों की कमी नहीं है। होम के सभी लोग मुझसे बड़े प्रेम से बात करते हैं। यहां पर मुझे बिल्कुल भी घबराहट नहीं होती। अपनी सारी सम्पत्ति मैं मदर के होम के नाम कर चुकी हूं।"

सान की आपबीती सुनकर उस व्यक्ति ने पूछा "क्या आज तक आपके बेटे आपको बुलाने नहीं आये?"

इस बात पर वृद्धा सान की आंखें भर आई और उसने रोते हुये जवाब दिया–

"नहीं–कोई भी नहीं आया। अगर मेरा बेटा आकर मुझे चलने को कहता तो मुझे लगता कि उसे मेरी चिन्ता है। मैं उसके साथ नहीं जाती। किन्तु फिर भी उसे आना चाहिये था।"

इस प्रकार यह कहा जा सकता है कि संपन्नता रुपये-पैसे की नहीं, बल्कि सदाचार और मान-सम्मान की होनी चाहिये; अन्यथा सान के समान कोई भी महिला अपनी धन-दौलत ठुकरा कर, मदर होम में प्रसन्नता का जीवन व्यतीत न करती। आज मदर होम की सिस्टर्स सम्पन्न शहरों में जाती हैं। वे सम्पन्न परिवारों के वृद्धों की सेवा करती हैं।

एक बड़ी इमारत के फ्लैंट में जापान के एक वृद्ध पति-पत्नी रहते थे। मदर टेरेसा एक बार उनके फ्लैट के सामने से गुजरी तो देखा कि अखबारों का ढेर लगा है और फ्लैट अन्दर से बंद है। मदर ने फ्लैट का ताला तुड़वाया। फ्लैट के अन्दर जाकर देखा तो दोनों पति-पत्नी मृत पड़े थे। उनके परिजनों को इस घटना की खबर भेजी गयी। वहां पर एक डायरी मिली जिसमें लिखा था–

"हम लोग वृद्धावस्था के कारण अपनी देखभाल करने में असमर्थ हैं, इसी कारण हमने आत्महत्या करने का निर्णय लिया है। हमारे मरने के पश्चात् इस फ्लैट को बेच दिया जाये। इससे प्राप्त धन में से आधा धन बच्चों को दे दिया जाये तथा आधा मदर होम के हवाले कर दिया जाये।"

उस वृद्ध दम्पत्ति के बच्चों को जब खबर मिली तो वे बिलख-बिलखकर रोने लगे। अपने माता-पिता की मृत्यु का दोषी उनके बच्चों ने स्वयं को बताया। उनके प्रति सहानुभूति जताते हुये मदर होम की सिस्टर्स ने कहा–

"ये दोनों पति-पत्नी होम में आना चाहते थे, किन्तु जब हम इन्हें लेने आये तो उस समय इन्होंने अपना फैसला बदल लिया था। ईश्वर को शायद यही मन्जूर था।"

इस तरह की और भी कई घटनाएं हुई जिसमें एक फिलीपींस की घटना का जिक्र करते हैं। फिलीपींस में औलंगापू नाम का एक बन्दरगाह है। समुन्द्र के किनारे की बालू देखकर ऐसा लगता है कि जैसे यहां बर्फ जमी हो। यहां पहले अमेरिकी नौसेना का अड्डा था। जब अमेरिकी सेना वहाँ से चली गई तो मदर ने उसी स्थान पर अपना होम स्थापित किया। आज भी इस होम में शिशुओं और अविवाहित माताओं की देखभाल की जाती है।

विश्व-शान्ति के प्रयास

मदर टेरेसा जी ने अपने पूरे जीवन भर दीन-हीनों की सेवा की, यह सबको मालूम है। लेकिन यह बहुत कम लोगों को ज्ञात है कि मदर युद्ध की विभीषिका से बहुत दुखी थीं। मदर टेरेसा जब मात्र 4 वर्ष की बच्ची थी तब यूरोप में प्रथम विश्व युद्ध शुरू हुआ था। विश्व युद्ध की विभीषिका ने नन्हीं बच्ची के कच्चे मन को मथ डाला था, ऊपर से एक हादसा और हो गया। विश्व युद्ध समाप्त होते-हेते बच्ची के पिता का देहांत हो गया। प्रथम विश्व युद्ध उस सात वर्षीय बच्ची से जीवन की सारी खुशियां छीन ले गया और उसके अंतरतम में लिख गया–"जीवन दुख-दर्दों की जीती-जागती कहानी है। यदि जीवन का सार खोजना है तो उनके बीच जाओ जो दुख और अभावों से जूझ रहे हैं और जिन्हें सम्पन्न संसार सदा हेय दृष्टि से देखता आया है।"

सात वर्षीय बालिका ने अपने मन पर लिखा यह संदेश पढ़ा और समझ लिया। वह पढ़ने के लिए स्कूल गई, दोस्तों और सहेलियों के साथ खेली और बचपन लांघकर किशोरावस्था में पहुंची तथा किशोरावस्था लांघकर तरुणाई में परन्तु उसके मन पर लिखा वह अमर संदेश नहीं मिटा बल्कि समय के साथ वह और अधिक तेज होता गया। 18 वर्षीय तरुणी मदर टेरेसा ने मानव-सेवा में पूरा जीवन बिताने का व्रत ले लिया और इस व्रत को पूर्ण करने के लिए भारत आ गयीं।

मदर को युद्ध से नफरत थी। वे जानती थीं कि युद्ध का परिणाम केवल विनाश होता है। युद्ध मानव जाति और सभ्यता का सबसे गंदा उदाहरण है। स्त्रियों के लिए तो युद्ध एक कठोर अभिशाप है। किसी न किसी तरह दुनिया को युद्ध की विभीषिका से मुक्ति मिलनी चाहिए। परन्तु ऐसा न हो सका। मदर जब अपनी भरपूर तरुणाई में (29-30 वर्ष की) थी तब दूसरा विश्व युद्ध शुरू हो गया और उसने पूरी दुनिया को झकझोर डाला। मदर के कोमल हृदय पर यह दूसरा सबसे बड़ा आघात था।

1990 तक आते-आते मदर टेरेसा विश्व भर में अपनी सेवा से सनसनी पैदाकर सबसे पहला स्थान ग्रहण कर चुकी थीं। उन्हें राजनीति में कोई रुचि न थी, परन्तु विश्व में शान्ति बनी रहे, इसके लिए वे सदा प्रयत्नशील रहती थीं।

1990 में जब अमरीका ने इराक पर हमला करने की घोषणा की तो मदर टेरेसा जी बहुत दुखी हुयीं और उनका साहस टूट गया। उन्होंने अमेरिका के राष्ट्रपति जार्ज बुश तथा इराक के राष्ट्रपति सद्दाम हुसैन को संयुक्त रूप से सम्बोधित करते हुए एक पत्र लिखा, इस पत्र में उन्होंने दोनों देशों से प्रार्थना की थी कि वे युद्ध न करें। युद्ध में जीत चाहे जिसकी हो परन्तु जो सैनिक मरेंगे या अपंग होंगे उनके परिवारों को भारी पीड़ा पहुंचेगी। सारा संसार दुख और घृणा से भर जाएगा। विश्व शांति नष्ट हो जायेगी और भाई चारा टूट जाएगा। अतः वे युद्ध न करें। यद्यपि मदर की अपील पर न अमेरिका झुका, न इराक झुका और युद्ध शुरू हो गया। युद्ध में हजारों मारे गए और हजारों अपाहिज और जख्मी हो गए। युद्ध के बाद मदर इराक गईं और वहां जख्मी तथा अपाहिजों की भारी सेवा की।

संयुक्त राष्ट्रसंघ द्वारा मदर की सराहना

मैकलम द्वारा मदर की संस्था की लिये गये फोटोग्राफ को संयुक्त राष्ट्र महासभा के अधिवेशन में दिखाया गया। जहाँ उन फोटुओं की भूरि-भूरि प्रशंसा की गयी। मदर को उन्होंने विश्व की सबसे शक्तिशाली स्त्री बताया। अधिवेशन में उपस्थित सभी लोगों ने ईश्वर से मदर की सफलता के लिये प्रार्थना की। इस स्थान पर इससे पहले कभी ईश्वर की प्रार्थना नहीं हुई थी।

मदर का अपने शिष्याओं के प्रति अगाध प्रेम था। अपने व्यक्तिगत सुखों को त्यागकर उनकी शिष्याएं सेवा-कार्य कर रही थीं। मदर को यह बात हर समय याद रहती थी। होम के सभी रोगी मदर को अपनी मां के समान मानते थे। मदर

किसी प्रकार की शान-शौकत नहीं करती और दिखावटीपन उनमें बिल्कुल नहीं था।

जब मदर टेरेसा को 'पद्मश्री' मिलने वाला था, तब भारत सरकार ने उन्हें लाने के लिये एक गाड़ी भेजी। लेकिन वे इस गाड़ी में आने से मना कर दिया। उन्होंने सरकार द्वारा भेजे गये सुरक्षा-कर्मियों को भी वापस भेज दिया। इसके पश्चात् वे अपनी एम्बुलेंस से राष्ट्रपति भवन पहुंची। इस बात से यह पता चलता है कि मदर हमेशा ही शौन-शौकत से अपने आपको दूर रखा।

9

अंतिम समय

90 के दशक में मदर का स्वास्थ्य गिरने लगा था। उन्हें आभास हो गया था। कि वे अब बहुत दिनों तक मिशनरीज ऑफ चैरिटी के संचालन का दायित्व नहीं संभाल सकेंगी। यद्यपि मदर के पास 100 से अधिक सहयोगिनियों की सेवा कार्य में कुशल टीम थी परन्तु इनमें से कोई भी सिस्टर इस बात की कल्पना करने के लिए भी तैयार नहीं थी कि मिशन का काम मदर टेरेसा के बिना चलाया जा सकता। मदर की सबसे पहली और प्रिय शिष्या जिन्हें मदर ने अपना नाम दिया था स्स्टिर एग्नेस (पूर्व नाम सुभाषिणी दास) मदर से सेवा कार्य के सारे रहस्य जान चुकी थीं, जो जीवन भर मदर के साथ रही थीं, वे भी मिशन के दायित्व को संभालने का साहस नहीं कर पाती थीं

इस दशक में अनेक बार मदर बीमार पड़ीं, अनेक बार उन्होंने यह इच्छा व्यक्त की कि उन्हें चैरिटी के प्रमुख पद के दायित्व से मुक्त किया जाये, कोई और यह जिम्मेदारी संभाले, परन्तु कोई इस बात के लिए तैयार नहीं हुआ।

अंततः 13 मार्च, 1996 को मदर ने अपना अंतिम फैसला सुना दिया—"मैं अब और प्रतीक्षा नहीं कर सकती, समय अब बहुत कम रह गया है।" इसके साथ ही मदर ने अपने पद से त्यागपत्र दे दिया। मदर के निजी चिकित्सक डॉ. ए. के. बर्धन मदर के निकटम मित्र थे। उन्हें पता था कि मदर को मृत्यु का पूर्वाभास हो गया है और वे अब बहुत दिनों तक जीवित नहीं रहेंगी। परन्तु उन्होंने यह रहस्य किसी को बताया नहीं।

सितम्बर माह के प्रारंभ में टेरेसा जी गंभीर बीमारी से ग्रसित हो गयीं। कोलकाता के प्रसिद्ध वुडलेंड नर्सिंग होम में मदर को दाखिल कराया गया। शरीर क्षीण

हो चुका था, चलने-फिरने की शक्ति भी नहीं थी। 10 सितम्बर को 'प्रेरणा दिवस' मनाया गया। इसी दिन मिशनरीज ऑफ चैरिटी का जन्म हुआ था, प्रति वर्ष यह दिन प्रेरणा दिवस के नाम से धूम-धाम के साथ मनाया जाता है।

इस अवसर पर मदर ने अपने डॉक्टर से कहा–"डॉक्टर ! मुझे प्रार्थना सभा में जाना है।"

"किन्तु आप असमर्थ हैं, मदर! वहां भला कैसी जा सकती हैं ?" डॉक्टर ने जवाब दिया।

"डॉक्टर! यह मेरा अन्तिम प्रेरणा दिवस है। इस दिन अगले साल मैं जीवित नहीं रहूंगी। इसी कारण कृपया आप मुझे वहां ले चलने का कष्ट करें।"

मदर की आज्ञा को डॉक्टर भला कैसे टाल सकते थे! मदर की प्रार्थना सभा में भेजने की व्यवस्था की गयी। मदर ने प्रार्थना सभा में भाग लिया।

मदर प्रार्थना सभा में शामिल हुईं। उनका आत्म-विश्वास सबको भारी प्रेरणा दे रहा था, परन्तु उनके शरीर की जर्जर दशा देखकर सभी दुःखी हो रहे थे।

10 सितम्बर, 1996 की प्रार्थना सभा मदर के लिए प्रेरणा दिवस की अंतिम प्रार्थना सभा थी। बड़ी मुश्किल से मदर ने 360 दिन काटे। 5 सितम्बर, 1997 को अगले प्रेरणा दिवस के केवल 5 दिन पहले दीन-हीनों के अंधेरे जीवनों को अपनी सेवा के प्रकाश से भरने वाली वह पवित्र आत्मा की जीवन-ज्योति बुझ गई। मिशनरीज ऑफ चैरिटी को अपनी अनुभवी सहयोगिनियों को सौंपकर इस संसार से हमेशा के लिए विदा हो गयीं। मदर टेरेसा की ख्याति विश्वव्यापी हो चुकी थी। उनके निधन का समाचार विश्व भर में फैल गया। दुनिया के सारे समाचारपत्रों में छपा। उनकी अंतिम यात्रा में विश्व भर के लाखों लोग शामिल हुए। मिशनरीज ऑफ चैरिटी की 4000 संन्यासिनियों की सिसकियों से वातावरण पूरी तरह मातम भरा हो गया।

वर्ष 1983 में 73 वर्ष की आयु में मदर टेरेसा रोम में पॉप जॉन पॉल द्वितीय से मिलने के लिए गईं। वहीं उन्हें पहला हृदयाघात आया। इसके बाद सन् 1989 में उन्हें दूसरा हृदयाघात आया। लगातार गिरती सेहत की वजह से 5 सितम्बर, 1997 को उनकी मौत हो गई। उनकी मौत के समय तक 'मिशनरीज ऑफ चैरिटी' में 4000 सिस्टर और 300 अन्य सहयोगी संस्थाएं काम कर रही थीं जो विश्व के 123 देशों में समाज सेवा में लिप्त थीं। समाज सेवा और गरीबों की देखभाल करने के लिए जो आत्मसमर्पण मदर टेरेसा ने दिखाया उसे देखते हुए पोप जॉन पाल द्वितीय ने 19 अक्टूबर, 2003 को रोम में मदर टेरेसा को "धन्य" घोषित किया था।

मदर अपनी संस्था में प्रमुख पद पर थी परंतु अपने खराब स्वास्थ्य की वजह से वह इस पर से हटना चाह रही थीं। कई बार वे लोगों को इशारा कर चुकी थीं कि उन्हें वहां से जाना है। लोग सोचा करते थे कि मदर के बिना भला संस्था किस प्रकार चलेगी? आखिर में सन् 1996 में उन्होंने सस्था के प्रमुख पद से इस्तीफा दे दिया। पूरे संसार में यह खबर आग की तरह फैल गयी। उनकी बिगड़ती सेहत ने सभी को दुखी कर दिया। उनके डॉक्टर डॉ. ए. के. वर्धन ने कहा था–

"मदर को अपनी मृत्यु का आभास हो गया था।"

यह सन् 1996 की बात है। सितम्बर का महीना था। मदर की हालत काफी खराब हो गयी थी। डॉ. वर्धन के सलाह पर उन्हें अस्पताल में भर्ती करा दिया गया। जिस अस्पताल में वे भर्ती हुईं, उस अस्पताल का नाम वुडलैंड नर्सिंग होम था। वे इतनी कमजोर हो गयी थीं कि वे अपने आप चल भी नहीं सकती थीं। उन्होंने दस

दिसम्बर को होने वाले प्रेरणा दिवस में जाने की इच्छा व्यक्त की। इसी तिथि को 'मिशनरीज़ ऑफ चैरिटी' का उदय हुआ था। इसी कारण दस दिसम्बर को बड़े-बड़े आयोजन किये जाते थे, प्रार्थना-सभा का आयोजन किया जाता था।

5 सितम्बर 1997 ई. को मदर ने अंतिम सांस लेकर नश्वर संसार को अलविदा कहा।

सन् 1997 की बात है। सितम्बर माह की पांचवीं तारीख थी। दिन गुज़र चुका था। मदर टेरेसा द्वारा रात को हल्का भोजन लिया गया। उनके शरीर में दर्द हो रहा था। इसी कारण चर्च जाने के स्थान पर उन्होंने अपने कमरे में ही प्रार्थना की। मदर के चेहरे को देखकर साफ नज़र आ रहा था कि वह दर्द से पीड़ित हैं। सिस्टर शांति ने उनके दर्द को समझ लिया। तभी बिजली चली गयी। सिस्टर मोमबत्ती जला कर दवा देने आयी। मदर ने सिस्टर से कहा, "मुझे सांस लेने में तकलीफ हो रही है।"

डॉक्टर अल्फ्रेड को सिस्टर ने तुरन्त बुला लिया। 'लाइफ सपोर्ट सिस्टम' लगा कर डाक्टर ने मदर की समस्याओं का निराकरण करने का प्रयत्न किया लेकिन उनके द्वारा किया गया प्रयत्न निरर्थक हो गया, होनी को कोई नहीं टाल सकता था। कालचक्र मूक दर्शक बना हुआ सब कुछ देख रहा था। मदर के पास खड़ी सिस्टर ईश्वर से प्रार्थना कर रही थीं किन्तु उनकी प्रार्थना विधि के विधान को नहीं मिटा सकी। और मदर टेरेसा सदैव के लिए पंचतत्व में विलीन हो गयीं।

करूणा एवं ममतामयी मदर टेरेसा असहाय बच्चों को छोड़कर इस संसार से विदा हो गयीं। सबको राह दिखाने वाली रोशनी आज बुझ चुकी थी। मदर के निधन की सूचना विश्व के सभी होम्स में जगंल की आग की तरह फैल गयी थी। होम्स के सभी लोग फूट-फूट कर रो रहे थे। और ममतामयी मां के प्रेम को याद कर रहे थे। एक पल भी वे मदर को भूल नहीं पा रहे थे।

मदर टेरेसा की मृत्यु के पश्चात् "मिशनरीज ऑफ चैरिटी" द्वारा 'मदर होम' में ही दफनाने का निर्णय लिया गया। यह होम मदर ने भारत में पहली बार स्थापित किया था। अपने जीवन का अधिकांश समय मदर ने यहीं पर व्यतीत किया था। मदर के निधन से पूरे संसार को कष्ट था। गरीबों तथा बेसहारों की साक्षात् मसीहा की मृत्यु का पूरा विश्व रो रहा था। मदर ने अन्तिम संस्कार को भारत की मृत्यु पर पूरा विश्व आंसू बहा रहा था। भारत सरकार द्वारा सम्मान सहित मदर टेरेसा का अन्तिम संस्कार करने का आदेश दिया।

आई. के. गुजराल उस समय भारत के प्रधानमंत्री थे। किसी समाज सेविका को भारत में पहली बार राजकीय सम्मान के साथ दफनाने का निर्णय लिया गया था। बंगाल के मुख्यमंत्री ज्योति बसु ने भी उन्हें मदर होम में दफनाने का निर्देश दिया था। गांधी जी के बाद मदर ही विश्व की दूसरी महान हस्ती थीं, जिन्हें राजकीय सम्मान के साथ अन्तिम संस्कार करने की घोषणा हुई थी। दोनों ही महान आत्माओं ने लोगों के दुखों को जाना था और उनके दुखों के निवारण के लिये अथक प्रयास भी किया था। भारत सरकार ने दोनों को गौरवमय सम्मान दिया था।

अंतिम संस्कार के अवसर पर प्रार्थना

ममतामयी मदर का अन्तिम दर्शन करने के लिए व्यक्ति कतारों में खड़े थे। सभी की आंखे भरी हुई थीं। भीड़ बेकाबू हो रहे थी। सेना के जवान भीड़ की काबू करने का प्रयत्न कर रहे थे, किन्तु वे असफल रहे। सभी ने मदर को श्रद्धांजलि अर्पित की, इसके पश्चात् उन्हें अन्तिम समाधि दे दी गयी।

मदर टेरेसा अनाथ बच्चों, गरीबों तथा रोगियों की मां थीं। मानव रूप में जन्म लेकर उन्होंने अपनी दैवीय शक्तियों को उजगार किया था। वे हर दीन-दुखी का दर्द समझती थीं, उनकी सेवा करती थीं। ममता की मूरत कहलाने वाली मदर टेरेसा आज हमारे बीच नहीं हैं, किन्तु उनके द्वारा की गयी मानव सेवा हम कभी भुला नहीं सकते।

10

मदर टेरेसा के विचार

गरीबों की मसीहा कही जाने वाली मदर टेरेसा समस्त विश्व में लोकप्रिय थीं। ये आज भी दुनिया के लिए एक मिसाल हैं। उन्होंने विश्व को यह दिखा दिया कि किस प्रकार अपना सर्वस्व समर्पित कर दीन-हीनों और निराश्रितों की सेवा की जाती है, हाल में आई एक पुस्तक जिसका नाम "मदर टेरेसाः कम बी माई लाइट" है ने ईश्वर पर उनकी आस्था को लेकर नए सवाल खड़े किए हैं। इस पुस्तक में उनके द्वारा लिखे गये कई ख़तों को प्रकाशित किया गया है, जिससे यह पता लगता है कि अपनी जिन्दगी की आखिरी वक्त तक वे ईश्वर के अस्तित्व को लेकर संशय में थीं। इन ख़तों में बार-बार मदर ने कहा कि उन्हें महसूस होता है कि ईश्वर नहीं है, क्योंकि उन्हें न तो कभी उसकी अनुभूति हुई और न ही कभी प्रार्थनाओं का उत्तर प्राप्त हुआ। उन्होंने अपने एक पत्र में बड़े सहज ढंग से लिखा है कि–"मेरे लिए सन्नाटा और खालीपन बहुत गहरा है। इतना गहरा कि मैं देखना चाहती हूँ और देख नहीं पाती, सुनना चाहती हूँ और सुनाई नहीं देता।

वे जो भी खत लिखी थीं वे सभी बहुत करीबी लोगों के लिए थे, सार्वजनिक तौर पर उन्होंने हमेशा इस तरह दर्शाया मानो उन्हें अपेक्षित अनुभूति हो चुकी है। उनका कार्य महान था। अतः स्पष्ट है कि वे किसी एक धर्म के लिए नहीं, मानव धर्म के लिए जन्मी थीं। वह दुनिया के बच्चों के लिए मां थीं।

गरीबों की मसीहा मदर टेरेसा क्रिश्चियन धर्म प्रचार के लिए भारत आयी थीं; पर भारत-भूमि में आने के बाद उन्होंने ईश्वर के जिस विशाल रूप की अनुभूति की, उसमें किसी एक धर्म का नहीं बल्कि सभी धर्मों को निभाना ही अपना जीवन मान लिया। उन्होंने बगैर धर्म, सम्प्रदाय, छोटे बड़े के भेदभाव के जरूरत? इन्होंने

दीन-दुखियों व असहायों की सेवा व उनका कल्याण करना अपना धर्म मान लिया। अपने इसी आदर्श पर वे जीती रहीं और इसी आदर्श को निभाते हुए उन्होंने इस संसार से विदा ली।

ईसा मसीह के प्रति मदर टेरेसा का नजरिया

मदर टेरेसा को ईसा मसीह की अनुयाई कहा जा सकता है क्योंकि वे विश्व के सभी दीन-दुखियों में ईसा मसीह अर्थात् जीसस को देखती थीं। उनके अनुसार जब भी मैं किसी परेशान व्यक्ति को मुस्कराते हुए देखती हूं, तो मुझे लगता है कि जीसस मुस्करा रहा है। ईसा मसीह या जीसस के संदर्भ में उनके नजरिए को हम निम्न बिन्दुओं का अध्ययन कर समझ सकते हैं–

जीसस बूढ़ा है– उसकी सेवा करो।
जीसस कैदी है– उसे देखने जाओ।
जीसस मनोरोगी है– उसकी रक्षा करो।
जीसस गृहहीन है– उसे रहने के लिए जगह दो।
जीसस नंगा है– उसे वस्त्र दो।
जीसस एक शब्द है– जो बोला जाता है।
जीसस एक रास्ता है– जो प्रकाशित है।
जीसस जीवन है– जो जिया जाता है।
जीसस एक प्रकाश है– जो भटकों को रह दिखाता है।
जीसस प्रेम है– जो सभी को प्रिय है।
जीसस प्रसन्नता है, जीसस खुशी है– जो बांटा जाता है।
जीसस मुस्कान है– जो दूसरों को खुशी देती है।
जीसस त्याग है– जो सदैव तैयार रहता है।
जीसस शान्ति है– जो प्रदान किया जाता है।
जीसस जीवन की श्वास है– जो जीवन ज्योति के लिए ली जाती है।
जीसस भूख है– जो अन्न मांगता है।
जीसस भूखा है– जो अन्न मांगता है।
जीसस एक प्यास है– जो प्यास बुझाता है।
जीसस बीमार है– उसकी देखभाल करो।
जीसस अकेला है– उसे प्रेम करो।
जीसस कुष्ठ रोगी है– उसे सहानुभूति देते हुए उसके घावों को साफ करो।

जीसस वंचित है– उसे प्रेम करो।
जीसस क्रास पर– हमारे पाप का पीड़ित है।
जीसस शराबी है– उसकी सुनो और समझो।
जीसस छोटा बच्चा है– उसका विकास करो।
जीसस गूंगा है– उसके लिए बोलो।
जीसस अन्धा है– उसे रास्ता दिखाओ।
जीसस लंगड़ा है– उसके साथ चलो।
जीसस नशेड़ी है– उसके साथ मित्रतापूर्ण व्यवहार करो।
जीसस वेश्या है– उसे इस खतरे से बाहर करो और उसे सम्मान दो।
जीसस मेरा भगवान है।
जीसस मेरा जीवन-साथी है।
जीसस मेरा एक मात्र प्रेम है।
जीसस मेरा सब कुछ है।
जीसस, मैं तुम्हें अपने हृदय से प्रेम करती हूं।
मैंने तुम्हें अपना हृदय से प्रेम करती हूं।

मैंने तुम्हें अपना सब कुछ दे दिया, यहां तक कि अपना पाप सभी और तुमने मुझे प्रेम प्रदान किया है।

मैं अभी और जीवन-भर इसके लिए तुम्हें अपना जीवन-साथी मानती हूं।

11

मदर टेरेसा के अनमोल वचन

मदर टेरेसा भले ही आज हमारे बीच न हों उनके कार्य, उनका योगदान हमें सदा उनकी याद दिलाते रहेंगे। मदर टेरेसा के अनमोल वचन हमारे लिए प्रेरणा स्रोत हैं। ये हमें जीवन की नई रह दिखाते हैं। मदर टेरेसा के कुछ अनमोल वचन निम्न प्रकार वर्णित हैं–

- मैं चाहती हूँ कि आप अपने पड़ोसी के बारे में चिंतित रहें। क्या आप अपने पड़ोसी को जानते हो?
- यदि हमारे बीच कोई शांति नहीं है, तो वह इसलिए क्योंकि हम भूल गए हैं कि हम एक दूसरे से संबंधित हैं।
- यदि आप एक सौ लोगों को भोजन नहीं करा सकते हैं, तो सिर्फ एक को ही भोजन करवाएं।
- यदि आप चाहते हैं कि एक प्रेम संदेश सुना जाय तो पहले उसे भेजें। जैसे एक चिराग को जलाए रखने के लिए हमें दिए में तेल डालते रहना पड़ता है।
- अकेलापन सबसे भयानक गरीबी है।
- प्यार करीबी लोगों की देखभाल लेने के द्वारा शुरू होता है, जो आपके घर पर हैं।
- अकेलापन और अवांछित रहने की भावना सबसे भयानक गरीबी है।
- प्यार हर मौसम में होने वाला फल है, और हर व्यक्ति के पहुंच के अन्दर है।
- आज के समाज की सबसे बड़ी बीमारी कुष्ठ रोग या तपेदिक नहीं है, बल्कि अवांछित रहने की भावना है।

- प्यार की भूख को मिटाना रोटी की भूख मिटाने से कहीं ज्यादा मुश्किल है।
- छोटी चीजों में वफादार रहिये क्योंकि इन्ही में आपकी शक्ति निहित है।
- जिस व्यक्ति को कोई चाहने वाला न हो, कोई ख्याल रखने वाला न हो, जिसे हर कोई भूल चुका हो,मेरे विचार से वह किसी ऐसे व्यक्ति की तुलना में

जिसके पास कुछ खाने को न हो,कहीं बड़ी भूख, कही बड़ी गरीबी से ग्रस्त है।

- उनमें से हर कोई किसी न किसी भेष में भगवान है।
- मैं चाहती हूँ कि आप अपने पड़ोसी के बारे में चिंतित हों. क्या आप जानते हैं कि आपका पड़ोसी कौन है?

- यदि हमारे मन में शांति नहीं है तो इसकी वजह है कि हम यह भूल चुके हैं कि हम एक दूसरे के हैं।
- यदि आप सौ लोगो को नहीं खिला सकते तो एक को ही खिलाइए।
- शांति की शुरुआत मुस्कराहट से होती है।
- जहाँ जाइये प्यार फैलाइए। जो भी आपके पास आये वह और खुश होकर लौटे।
- यह हम ही हैं और दूसरों का अपमान करने की हमारी भावना है, जो हम अपने भाई और बहनों को नशे की ओर जाने देते हैं और उसे शराबी बना देते हैं। वे अपना अपमान भुलाने के लिए ही इस जहर का सेवन करते हैं।

- अपने हदय को कभी असफल होने पर निराश मत करो। तुम उसके लिए और भी अधिक अच्छा प्रयास करो।
- यदि आप विनम्र हैं, तो कोई आपको छू भी नहीं कर सकता।
- यह गरीबी ही हैं, जो अजन्में बच्चे को मार देती है। इसलिए यदि असाप चाहें, तो उसे जीवन दे सकते हैं।
- बोलने से पहले यह जरूरी है कि पहले तुम सुनो। ईश्वर तुम्हारे हृदय से बातें करते हैं।
- जब कभी कोई आदमी भूख से मरता है, तो ऐसा नहीं होता कि ईश्वर द्वारा उसकी परवाह न करने की वजह से वह मृत्यु को प्राप्त हुआ। ऐसा केवल इसलिए होता है, क्योंकि हम उसे वह वस्तु देना नहीं चाहते, जिसकी उसे आवश्यकता है।
- गरीबों को हमारी हमदर्दी और दया की आवश्यकता नहीं होती। उन्हें हमारे प्रेम और देखभाल की आवश्यकात होती है। वो हमें उससे कहीं अधिक दे सकते हैं, जितना हम उन्हें देते हैं।
- जिसकी हालत बहुत नाजुक थी, मदर ने उसके लिए उतना किया, जितना वह कर सकती थीं, पर वह उसे बचा न सकीं। वह कहती हैं कि जब मैं उसे बिस्तर पर ले गई, तब उसने मेरे हाथ का पकड़ लिया। उसके चेहरे पर बहुत ही आश्चर्य से भरी मुस्कराहट थी। उसने एक शब्द कहा, “धन्यवाद” और वह मर गया।
- यदि तुम शब्दों के साथ प्रार्थना करते हो, तो उसे तुम अपने हदय की गहराइयों के प्रेम से भर दो। एक शब्द के बाद कुछ देर रुको और फिर इस पर विचार करो। इसे अपने हदय के अन्दर तक जाने दो।
- प्रेम को जारी रखने के लिए क्या आवश्यक है? एक लैम्प कैसे जल सकता है, अगर वह लगातार तेल की बूंदें न ले। प्रेम को जारी रखने के लिए जीसस तेल की तरह है। जीसस को दूर मत देखो। वह वहां नहीं है। वह तुममें है। अपने जीवन के लैम्प पर ध्यान दो, तुम उन्हें देख पाओगे।
- हम कितना करते हैं, महत्वपूर्ण यह नहीं है। महत्वपूर्ण तो यह है कि जितना हम करते हैं, उससे कितना प्यार करते हैं।
- घायल, पीड़ित, अपंग, मनोरोगी, अप्रिय सभी में जीसस मौजूद है।
- कल बीत गया। कल फिर नहीं आएगा। हम लोगों के पास केवल आज है। चलो, शुरूआत करें।

- छोटी चीजों को बड़ी रुचि से करो।
- छोटी चीज की समाप्ति भी छोटी ही होती है, लेकिन छोटी चीजों में विश्वास करना बड़ी बात होती है।

- नंगा होना केवल एक कपड़े के टुकड़े के लिए नहीं है, बल्कि यह मानव के गौरव और प्रतिष्ठा की कमी है। उसके साथ ही एक-दूसरे के प्रेम और आदर में कमी है।
- तुम्हारे पास बहुत है, तुमने बहुत पाया है और तुमने बहुत कम दिया है। गरीबी हमारे लिए आजादी है। यह एक सजा नहीं है।
- यदि हम वास्तव में प्रेम करना चाहें, तो यह सीख जाएंगे कि माफ कैसे किया जाए?
- केवल एक ही ईश्वर है और वह सभी का है। इसलिए यह जरूरी है कि ईश्वर के सामने सभी को एक समान रहना चाहिए।
- यदि हम प्रार्थना करें, तो हमें विश्वास करना चाहिए। यदि हम विश्वास करते हैं, तो हम प्रेम करेंगे। यदि हम प्रेम करते हैं, तो हम सेवा करेंगे।

- एक हिन्दू को अच्छे हिन्दू की तरह, एक मुसलमान को अच्छे मुस्लिम की तरह और एक कैथोलिक को अच्छे कैथोलिक की तरह मदद करो।
- हम बड़ा तो कुछ भी नहीं कर सकते, केवल छोटी चीजों को बड़े प्रेम से कर सकते हैं।
- एक गिलास पानी देते हो, वह भी मुझे ही देते हो। यदि एक बच्चे को गोद लेते हो, तो वह मुझे ही लेते हो।
- केवल हम स्वर्ग में ही देखेंगे कि हमने गरीबों को कितना दिया था, उनकी कितनी मदद की।
- मनुष्यों में प्रेम की बड़ी भूख है। हम लोगों को भी अपने जीवन में पीड़ा और अकेलापन जैसी दुख देने वाली चीजों का अनुभव हुआ होगा। हममें इनका सामना करने का साहस होना चाहिए।
- दीन-दुखी लोगों से प्रेम से बात करो। तुम्हारे चेहरे पर, आंखों में, तुम्हारी मुस्कराहटों में अपनापन और दया-भाव होना चाहिए और तुम्हें उनसे उत्साह से मिलना चाहिए।

12

मदर टेरेसा के सद्विचार

गरीबी

हममें से कोई नहीं, पर मुझे पक्का पता है, भूख का दर्द क्या है! एक दिन यह मैंने छोटे बच्चे से सीखा। मुझे रास्ते में एक बच्चा मिल गया और मैंने उसके चेहरे पर एक भयानक भूख देखी, अपनी इन आंखों से। बिना कोई प्रश्न किये, मैंने उसे रोटी का एक टुकड़ा दिया, फिर मैंने देखा कि वह छोटा बच्चा रोटी के टुकड़े करके खा रहा है और मैंने उससे कहा, "मुझे डर है, क्योंकि जब यह रोटी खत्म हो जायेगी, तब मैं दुबारा भूखा रह जाऊंगा।"

यीशू ही है जो हमारा ध्यान रखता है, यात्रा, कपड़े, खाना और वह हमारे आराम की सभी वस्तुएं गरीब से गरीब लोगों को भी प्रदान करता है, बीमारों को, मरने वालों को और वह लोग जो एड्स जैसे रोग से पीड़ित है।

जब एक गरीब व्यक्ति भूख से मर जाता है, यह इसलिए नहीं होता क्योंकि खुदा ने या किसी और ने उसकी देखभाल नहीं की थी। हमने उपकरणों के होने के बावजूद मना कर दिया था। प्रेम से भगवान के द्वारा दी गयी। रोटी का टुकड़ा उस गरीब को दिया, उन्होंने उसे कपड़ों देने की भी पेशकश की, जिससे वह वार्ड में ठण्ड से बचा रहे। यह सब हुआ क्योंकि हमने जब यीशू मसीह को नहीं याद रखा, एक बार फिर वह दर्द की पीड़ा से दृश्यत हुआ, ठण्ड से सिकुड़ते व्यक्ति से पहचान की, जो भूख से मर रहा है, जब वे अकेले इंसान के रूप में आया, तो वह उस खोये हुए उस बच्चे की तलाश में निकल आया।

हमें गरीबों से मिलाओ। हमें उन्हें उनके बारे में बताना है जिन्हें उनसे प्रेम है। हमें अपने आप से पूछना है यदि हमें सच पता है। क्या हमें अपने घर की गरीबी के बारे में पता है?

कभी-कभी लोगों को रोटी से ज्यादा भूख हो सकती है। यह मुमकिन है कि हमारे बच्चे, हमारा पति, हमारी पत्नी–उन्हें रोटी की भूख नहीं है, कपड़ों की जरूरत नहीं है, घर की कमी नहीं है। मगर क्या हमें पक्का यकीन है कि हमें अकेला महसूस नहीं होता? छोड़ देना, नजरअंदाज करना, कुछ स्नेह की आवश्यकता है। यह ही गरीबी है।

मैं इस गरीबी को दोहराने में कभी नहीं थकता हूँ। गरीब को दया की नहीं, प्रेम की आवश्यकता है। उन्हें सम्मान की आवश्यकता है, मानवीय गरिमा के लिए जो ना कम है और ना ही अलग, दूसरों के सम्मान के लिए।

सबसे बड़ा अन्याय गरीबों पर यह है कि हम सोचते हैं कि वे किसी लायक ही नहीं हैं। हम उनका सम्माननीय व्यवहार करना भूला गए हैं, भगवान के बच्चे के रूप में सम्मान के साथ। लोग यह भूल गए हैं जो मानव को छू रहा है, एक मुस्कान क्या है, कोई जो उनके लिए मुस्कुराये, कोई जो उन्हें पहचाने, कोई जो उनका हाल-चाल पूछे। सबसे भयानक बात है उनका अवांछित होना।

मैं फिर से दोहराता हूं कि गरीब, कुष्ठ रोग से पीड़ित, तिरस्कृत, शराबी, जिन पर हम कार्य करते हैं, वे सुन्दर लोग हैं। बहुत से उनमें आकर्षित व्यक्तित्व के हैं। अनुभव के द्वारा जब हम उनकी सेवा करते हैं, तो हम पर जो गुजरता है, क्या वह एक अद्‌भुत अनुभव नहीं था?

मैंने पूछा था, मैंने क्यों नहीं एक छड़ी दी उन्हें जो मछली पकड़ते हैं, गरीबों के हाथ में, जबकि मैंने उन्हें मछली दी ताकि वे गरीब ही रहें। तो मैंने उनसे कहा, “वो लोग जो मछली पकड़ने में सक्षम नहीं हैं एक छड़ी के साथ, इसलिए आज मैं उन्हें मछली दूंगा और जब वे खड़े होने के काबिल हो जायेंगे, तब मैं उन्हें तुम्हारे पास भेज दूंगा और तुम उन्हें छड़ी दे सकते हो। यह तुम्हारा कार्य है। आज मुझे अपना कार्य करने दो।

प्रार्थना

प्रत्येक चीज प्रार्थना के साथ आरम्भ होती है। प्रेम के लिए प्रार्थना...जब तुम्हें प्रार्थना की आवश्यकता हो, अधिकतर उस समय जब तुम कष्ट में हो। यदि तुम अच्छी प्रार्थना करना चाहते हो, तुम्हें अधिक प्रार्थना करनी चाहिए। अच्छी प्रार्थना

के लिए अधिक शब्दों की आवश्यकता नहीं है। क्योंकि जो प्रार्थना यीशू के लिए दिल से उठती है, वही इच्छा पूरी करती है।

प्रार्थना का फल एक साफ हृदय है और एक साफ दिन प्रेम से मुक्त है। प्रेम का फल शान्ति, एकता और जोश है।

साधना भगवान के साथ एक एकता की जड़ है और एक-दूसरे के साथ है। मौनें के द्वारा हमारे अन्दर जोश भर जाता है, जिससे हमें खुशी से भगवान के लिए कुछ भी कर सकते हैं। मौन प्रार्थना से हम प्राप्त करते हैं, जो हमें अधिक सक्रिय जीवन प्रदान कर सकता है।

चलो खासकर उनके लिए प्रार्थना करें जो भाई और बहनें इस दुनिया की इस प्रार्थना की समझ जाएंगी। हम भगवान के जोश से भरे हुए हैं, ताकि हम प्रत्येक

कार्य जोश के साथ करें। इसके बारे में हम सोच सकते हैं कि हम हमारी अन्तरात्मा की आवाज की जांच करें। हममें से प्रत्येक, इससे पहले कि हम किसी और के लिए प्रार्थना करें, इस प्रार्थना को अपने जीवन में डालें। मृत्यु से जीवन का मार्ग, झूठ से सच में, मार्गदर्शन करो, निराशा से आशा, डर से विश्वास, मार्गदर्शन करो, घृणा से प्रेम तक, युद्ध से शान्ति तक, चलो हृदय में शान्ति भरें, हमारी दुनिया में, हमारे ब्रह्माण्ड में।

आज से पहले कहीं अधिक हमें प्रकाश की आवश्यकता है, प्रकाश से हमें परमेश्वर की इच्छा का पता है, प्रेम के द्वारा हमें ईश्वर की इच्छा माननी चाहिए। भगवान की राह पर जाने की यही मार्ग होगा।

क्या मुझे प्रार्थना की आवश्यकता है? याद रखो, जहां भी जाओ, तुम्हारे साथ मदद टेरेसा की प्रार्थना, प्रेम और आशीर्वाद साथ होगा। भगवान तुम्हारा भला करें।

जीवन और मृत्यु

मेरे हृदय में है आखिरी क्षण तक यह विचार कि मुझे मरना ही है; इसलिए मैं सबसे महत्वपूर्ण क्षणों के रूप में प्यार को पसन्द करती हूं। अन्य क्षण जो प्यार के नहीं होते, वे बेकार जाते हैं।

मृत्यु के तथ्य को सोचकर हमें उदास नहीं होना चाहिए। हमें एक ही बात सोचकर उदास होना चाहिए कि हम साधु नहीं हैं।

मृत्यु के समय, हमारे अच्छे कर्मों के आधार पर फैसला नहीं होगा; जो हमने किया है और जो डिप्लोमा हमें प्राप्त हुए हैं। हमारा फैसला उस प्रेम के आधार पर किया जायेगा जो कि हमने अपने कार्य में किया होगा।

प्रेम

तुम्हारे जीवन में, मेरे जीवन में, और हम सभी के जीवन में, भगवान ने हमें बड़े कामों के लिए बनाया है। उसने हमें बताया है प्यार करने, देने के लिए, ताकि हम अपने स्वर्गिक घर की ओर चलें। जैसा कि हमें दुनिया में यीशू ने दिया, हमें वही अपने पिता के घर में वापस देने के लिए तैयार रहना होगा, जब हमें उस घर में बुलाये जाने की सूचना आयेगी।

महत्वपूर्ण बात यह नहीं है कि हम कितना प्राप्त करते हैं, महत्वपूर्ण यह है कि प्रतिदिन हम अपने कार्यों को कितने प्रेम से करते हैं। यही खुदा के लिए हमारे प्रेम का पैमाना है।

प्रेम एक फल है, जो हर मौसम में, हर समय, हर एक हाथ की पहुंच में है। कोई भी इसे प्राप्त कर सकता है और इसकी कोई सीमा नहीं है। ध्यान और प्रेम के द्वारा प्रत्येक व्यक्ति इस तक पहुंच सकता है। प्रार्थना की भावना और बलिदान के द्वारा भी।

हम प्रेम कैसे करते हैं? बड़ी चीजों से नहीं, मगर छोटी चीजों से ज्यादा प्रेम करें। हम सबमें बहुत ज्यादा प्रेम है। हमें अपना प्रेम व्यक्त करने से डरना नहीं चाहिए।

मेरी बहनें और मैं हमेशा सुबह साढ़े चार बजे भगवान की इन शब्दों के साथ प्रार्थना करते हैं, चलो भगवान से आशीर्वाद लें और भगवान को धन्यवाद दें। हम हमेशा एक मुस्कान के साथ एक-दूसरे को बधाई दें, एक मुस्कान ही प्रेम का आरम्भ है।

प्रेम करीबी लोगों का ध्यान रखने से शुरू होता है, जो हमारे घर पर हैं। हमें अपने आपसे पूछना है, यदि हम डरें कि शायद हमारे पति, हमारी पत्नी, हमारे बच्चे और हमारे माता-पिता दूसरों से अलग जी रहे हैं, मत महसूस करो प्यार काफी है, क्या वे फिर भी हमारे साथ रह रहे हैं। क्या हमें इसका एहसास है? आज हमारे बुजुर्ग कहां हैं? वे नर्सिंग होम में हैं। क्यों? क्योंकि उन्हें हम नहीं चाहते, क्योंकि वे बहुत परेशान हैं, क्योंकि...।

प्रेम को यीशू मसीह ने हमें दिखाया है अपनी मृत्यु के साथ, जो कि सबसे बड़ा उपहार है।

सभी रोगों का इलाज है। सिर्फ एक रोग का इलाज नहीं हो सकता। वह है प्रेम का अहसास ना होना। मैं उन सभी को आमन्त्रित करती हूं। जो उन लोगों से प्रेम करते हैं जिनसे कोई प्रेम नहीं करता और मैं उनको सेवा करने का आग्रह करती हूं। क्या हम नहीं हैं प्रेम की परिभाषा, और प्रेम के दूत।

अकेले शब्दों से प्रेम नहीं करता, मगर प्रेम करो जब तक वे दुःखी हैं। यह यीशू के द्वारा हम प्रेम करते हैं। वह भी हमारे लिए मर गया है। अब हमारी बारी है एक-दूसरे से प्रेम करने की, जैसे यीशू करता था।

तुम्हें यह कहते हुए डर नहीं होना चाहिए "हां" यीशू के पास, क्योंकि उसके जैसा महान प्रेम कहीं नहीं है और उसकी खुशी से ज्यादा कोई खुशी नहीं।"

भगवान हमारे प्रेम की ओर ध्यान देता है। हममें से कोई भी उसके लिए अपरिहार्य नहीं है। भगवान का मतलब है सब कुछ करने वाला और सबसे सक्षम इंसान से भी यह कार्य नहीं हो सकता। हम आखिरी सांस तक कार्य कर सकते हैं।

हम ज्यादा-से-ज्यादा कार्य कर सकते हैं। यदि हमने प्रेम से जुड़ा कोई भी कार्य नहीं किया; हालांकि काम है, मगर हमारा वह कार्य भगवान की दृष्टि में निरर्थक है।

अकेलापन

यहां पर गरीबी के कई प्रकार हैं। यद्यपि बहुत से देशों में वहां की आर्थिक स्थिति बहुत अच्छी दिखती है, परन्तु वहां की गरीबी गहरी जगह में प्रदर्शित हो रही है। ऐसे लोग हैं जो अकेले, जिन्हें त्याग दिया गया है, और जो कि जबरदस्त पीड़ा में हैं।

हर जगह वहां अकेलापन मौजूद है, उन्हें भी समान प्रेम और देखभाल की आवश्यकता है। ऐसे बहुत से लोग तुम्हारे बीच में हैं जो दुःखी हैं, क्योंकि उन्हें ना कोई प्रेम करने वाला और ना ही अपना है। उन्हें अपना कहने वाला कोई नहीं है। यह बिना शक के एक वास्तविक गरीबी है। हमें उन लोगों की चाहत है जो इन लोगों को अपनायें।

जहां तक मेरा सम्बन्ध है, सबसे बड़ा दुःख है खुद को अकेला महसूस करना, अवांछित और अप्रिय होना। सबसे बड़ा दुःख किसी का ना होना भी है, उन्हें भूलना जो अंतरंग हैं, वास्तविक मानव सम्बन्ध है, न जाने प्रेम का मतलब क्या है। अपने परिवार और मित्रों को ना भूलें।

होमलीनेस ईंटों से नहीं आता, मगर होमलीनेस भयानक अकेलेपन से आता है, जो कि अवांछित है, अप्रिय है। क्या हम वहां हैं? क्या हम उन्हें जानते हैं? क्या हमने उन्हें देखा?

परिवार

औरत घर का हृदय है। चलो हम प्रार्थना करें कि हम सभी औरतों के अस्तित्व का कारण, प्यार करना और प्यार देना है, और इस पूरी दुनिया में प्रेम के द्वारा ही शान्ति ही शान्ति स्थापित है।

मुस्कान

शांति एक मुस्कान के साथ शुरू होती है।

कभी-कभी यह बहुत मुश्किल होता है कि हम उनके लिए मुस्कुरायें जो हमारे साथ रहते हैं, हमारे परिवार के सदस्य। यह मुस्कान उनके लिए है जो हमारे बहुत करीब नहीं हैं। हमें यह कभी नहीं भूलना कि प्रेम घर से शुरू होता है।

मैंने यह कभी नहीं समझा होगा कि एक साधारण मुस्कान हासिल कर सकते हैं।

उसके लिए मुस्कुराना जो कि दुखी है, उसके पास ठहरना कुछ देर के लिए, जो कि अकेला है, बारिश में किसी को अपने छाते के नीचे शरण देना, उसके लिए कुछ पढ़ना जो कि अन्धा है, ये और दूसरी सभी चीजों छोटी हो सकती हैं, बहुत छोटी चीजें, मगर ये सभी बातें भगवान के प्रति हमारे प्रेम की अभिव्यक्त करती है।

सबसे अधिक स्वाभाविक वस्तु गृहस्थ जीवन है। परिवार को एक साथ क्या रखता है, परिवार का एक साथ भरण-पोषण जीवन में क्या होता है, वह है एक-दूसरे के प्रति समर्पण, आज्ञा पालन, और एक-दूसरे के प्रति स्वीकारोक्ति।

हमें अपने बच्चों को घर में एक-दूसरे के प्रति प्रेम करना सिखाना चाहिए। ये बातें वे सिर्फ अपने माता-पिता से ही सीख सकते हैं, जब वे अपने माता-पिता को एक-दूसरे से प्रेम करते हुए पाएं।

"माता-पिता से यह बहुत महत्वपूर्ण है कि बच्चे अपने माता-पिता से सीखें कि एक-दूसरे से प्रेम कैसे किया जाता है। विद्यालय में नहीं, अध्यापक के द्वारा नहीं, मगर आपके द्वारा। यह बहुत महत्वपूर्ण है कि अपनी मुस्कान उनके साथ शेयर करें। यदि किसी परिवार में गलतफहमी हो तो उसे दूर करें, क्योंकि यह बहुत परेशान करती है। हमेशा मुस्कान के साथ क्षमा करो, खुश रहो।

आज हम देखते हैं कि अधिक से अधिक दुःख इस दुनिया में हैं, वह सभी घर से ही शुरू होता है। आज हमारे पास एक-दूसरे से मिलने का समय नहीं है, बात करने का समय नहीं है, एक दूसरे के साथ मनोरंजन का समय नहीं है, और यह भी समय नहीं कि हमारे बच्चे हमसे क्या चाहते हैं। एक पति अपनी पत्नी से क्या चाहता है, एक पत्नी अपने पति से क्या चाहती है और इसलिए हम अधिक से अधिक अपने घरों में रहें, और कम-से-कम बाहर सम्पर्क में रहें।

हो सकता है कि हमारे अपने परिवार में कोई ऐसा हो जो कि अकेला महसूस कर रहा हो, जो बीमार महसूस कर रहा हो, जो कि दुःखी महसूस कर रहा हो। क्या हम वहां पर हैं? पहले हम अपने परिवार के दुःखों के बारे में जानें। हमारे घरों में बुजुर्ग हैं, जिन्हें आश्रमों में डाल दिया गया और वे कभी बाहर नहीं जाते, उन्हें एक-दूसरे के साथ मुस्कराने का बहुत कम समय मिलता है, साथ रहने का बहुत कम समय मिलता है। प्रेम घर से आरम्भ होता है, यदि हम अपने घरों को प्रेम का मंदिर बना सकें।

13

मदर टेरेसा के उद्धरण

- चलो, हम प्रेम और करुणा के द्वारा दुनिया को जीतें। दुनिया में मसीह के सुसमाचार ले आओ। चलो यह सारी अच्छी खबर दुनिया को दें कि खुदा पूरी दुनिया से प्रेम करता है।
- तुम वह हो, जिसे सबसे अधिक प्रेम प्राप्त हुआ, इसे दूसरों के साथ बांटो। इसी तरह दूसरों से प्रेम करो जैसे खुदा तुमसे करता है, कोमलता के साथ।
- यीशू मसीह का साथ हमें शक्ति, खुशी और प्रेम देता है।
- हम सभी इस दुनिया में साधु हैं। पवित्रता तुम्हारा और मेरा कर्तव्य है, तो चलो साधु बनें और यीशू की महिमा गायें।
- मेरी प्रार्थना तुम्हारे लिए है, ताकि तुम इसे समझो और तुम्हारे अन्दर यीशू को उत्तर देने का साहस पैदा हो।
- प्रेम में पाना नहीं है, यह सिर्फ देता है।
- भगवान का प्रेम सदैव अपने हृदय में रखो और जो लोग भी तुम्हें मिलें, उनके साथ यह प्रेम बांटो, खासकर अपने परिवार के साथ। पवित्र बनो, चलो प्रार्थन करें।
- दुनिया में इससे बड़ी दूसरी बीमारी कोई नहीं कि आज प्रेम की कमी है।
- घमण्ड सभी कुछ नष्ट कर देता है। यीशू की नकल करने के लिए उसके जैसा विनम्र और नम्र होना महत्वपूर्ण है।
- सिर्फ एक खुदा है और वह सभी का खुदा है, इसलिए यह महत्वपूर्ण है कि प्रत्येक पहले भगवान को समान रूप में देखे। मैं हमेशा कहना चाहूंगी कि हमें हिन्दुओं की मदद करनी चाहिए—एक अच्छा हिन्दू बनने के लिए,

मुसलमान को एक अच्छा मुसलमान बनने के लिए, एक कैथोलिक को एक बेहतर कैथोलिक बनने के लिए।

- जो लोग पूरी तरह और वास्तव में एक-दूसरे से प्रेम करते हैं, वही दुनिया के सबसे खुशनसीब लोग हैं। वे बहुत छोटे हैं, वे कुछ नहीं हैं, मगर वे खुशनसीब हैं। सभी कुछ इस बात पर निर्भर करता है कि हम कैसे एक-दूसरे से प्रेम करते हैं।
- जब मैं गाजा पार कर रही थी, मुझसे एक चेक पोस्ट पर पूछा गया कि क्या मैं हाथियार ले जा रही हूं। मैंने जवाब दिया 'हां, मेरी प्रार्थना की किताबें।

- यदि आपके घर या पास में कोई अकेला या बीमार व्यक्ति है—शायद सिर्फ उसका हाथ पकड़ने से, सिर्फ एक मुस्कान देने से, जो कि एक महान और सबसे सुन्दर कार्य है।
- प्रार्थना हमें पवित्र हृदय देती है और एक पवित्र हृदय काफी कुछ कर सकता है।
- अपने हृदय को शुद्ध रखो, एक पवित्र हृदय के लिए यह आवश्यक है कि वह एक-दूसरे में भगवान को देखे। यदि तुम्हें एक-दूसरे में भगवान दिखें, तब वहां एक-दूसरे के लिए शांति है।
- गरीब को हमारी सहानुभूति और दया की आवश्यकता नहीं है। गरीब को हमारे प्रेम और दया की जरूरत है।
- यीशू की खुशी ही मेरी ताकत होगी, वह मेरे हृदय में होगा। प्रत्येक व्यक्ति जिससे मैं मिलूंगा, यही मेरा कार्य है। मेरा मार्ग, मेरी प्रार्थना, प्रत्येक चीज।
- मसीह का प्रकाश हमेशा मेरे हृदय में चमक रहा है। केवल यही एक मार्ग है दलितों के लिए। यही सत्य है जो हम बोलते हैं। वह प्रेम है, हमें प्रेम चाहिए।
- कार्य में ही विश्वास है, और प्रेम में कार्य ही सेवा है। प्यार के अधिनियमों को जीवन में प्रेम से लाना, जिससे हम खुदा के साथ हमेशा माध्यम में रहें, हमारे यीशू के प्रेम के साथ।
- यीशू का दुःख उसी के अन्दर छुपा हुआ है जो कि दुःखी है, नग्न है, बेघर है और मृत्यु के करीब है।
- क्या लोग भगवान के लिए भूखे हैं? क्या तुमने यह देखा? अकसर हम देखते हैं, मगर दिखते नहीं। हम सभी इस दुनिया के माध्यम से गुजर रहे हैं। हमें अपनी आंखें खोलकर देखने की जरूरत है।
- हमें अपने कर्मों को मसीह के लिए प्रेम में बदलना चाहिए। हमें अपना प्रेम और जीवन जीने का तरीका यीशू के प्रेम के द्वारा करना होगा।
- हम कोई महान कार्य नहीं कर सकते, सिर्फ प्रेम के साथ छोटी वस्तुओं से।
- भगवान एक प्रसन्न दाता को प्रेम करता है। वह सर्वश्रेष्ठ है जो मुस्कुराहट के साथ देता है।
- प्यार की भूख रोटी की भूख को मिटाने से बहुत अधिक मुश्किल है।
- दयालु शब्दों के साथ बात करना बहुत आसान हो सकता है, लेकिन उनकी राय वास्तव में अनन्त है।

- हमें खुदा की तलाश है, और खुदा को शोर जो बेचैनी से कभी नहीं पा सकते। खुदा मौन का चित्र है। देखो, कैसे प्रकृति के पेड़ और फूल और घास कैसे चुपचाप बढ़ते हैं। सितारों को देखो, चांद, सूरज कैसे चुपचाप चलते हैं। हम मौन प्रार्थना से अधिक प्राप्त करते हैं और अपने सक्रिय जीवन में अधिक दे सकते हैं।
- भगवान ने पूरी दुनिया के लोगों को खिलाया और सभी मानवों को कपड़ा प्रदान किया।
- दूसरे दिन मैंने सपना देखा कि मैं स्वर्ग के द्वार पर खड़ा था और सेन्ट पीटर ने कहा, धरती पर वापस जाओ, यहां पर कोई मलिन बस्तियां नहीं हैं।

14

मदर टेरेसा के कुछ संस्मरण

भगवान एक बेसहारा लाया

मैं कभी नहीं भूल सकती कि रोम में मेरी बहनों के साथ क्या हुआ था, जहां हम शूट-इन में कार्य करती थीं।

वे गरीब लोगों के घरों में चली गईं। हमने घर को साफ किया, और उन्हें स्नान कराया, उनके कपड़े धोये।

तभी बहनों ने एक को भयानक हालत में छोड़ दिया। उन्होंने उसका कमरा साफ किया और उसके कपड़े धोये, और खाने को अच्छा भोजन दिया, लेकिन उससे कभी बात नहीं की।

दो दिन बाद उसने बहनों से कहा, "तुम मेरे जीवन में भगवान लायी हो, पिता भी ले आना।"

वे पेरिस के पादरी के पास गयीं और एक पण्डित को ले आयीं। वह व्यक्ति जो कभी नहीं बोला, उसने सिर्फ एक वाक्य कहा, अपना बयान दिया। उसने अपना कन्फेशन किया साठ साल बाद, और अगली सुबह वह मर गया।

उसकी मृत्यु सुन्दर थी।

एक परी की तरह मरना

एक शाम हम बाहर गये और हमने सड़क पर चार व्यक्तियों को बचाया। उनमें से एक हताश हालत में था। मैंने बहनों से कहा, "तुम दूसरों की देखभाल करो। मुझे इसकी देखभाल करनी होगी, जो कि बुरी हालत में है।"

मैंने उसके लिए सब कुछ किया, जो मेरा प्रेम कर सकता था। मैंने उसे बिस्तर पर लिटाया, और मैंने उसके चेहरे पर प्रकाश में एक सुन्दर मुस्कान देखी। उसने मेरा हाथ पकड़ा और सिर्फ दो शब्द कहे, "धन्यवाद।"

फिर उसने अपनी आंखे बन्द कर लीं।

मैं कुछ मदद नहीं कर सकी, मगर उसके शरीर के पास मैंने खुद से पूछा, "मैं क्या करना चाहता यदि मैं उसके स्थान पर होता?" मेरा जवाब बहुत आसान था। मैंने कहा कि मुझे भूख लगी थी, मैं मर रहा था, मैं ठण्ड में था। या फिर मैं कहता कि यह या वह और मेरे शरीर का वह भाग इस तरह जख्मी होता। मगर उसने मुझे काफी दिया। उसने मुझे अधिक प्रेम दिया और वह चेहरे पर एक मुस्कान लेकर मर गया।

परित्याग एवं भयंकर बीमारी है

एक दिन एक घर का दौरा किया, जहां पर मेरी बहनों ने अधिक आयु वाले लोगों को शरण दे रखी थी। यह इंग्लैण्ड का सबसे अच्छा घर है, खूबसूरत और कीमती वस्तुओं से भरा हुआ। अभी तक वहां किसी के भी चेहरे पर मुस्कान नहीं थी। वे सभी दरवाजे की ओर देख रहे थे।

मैंने वहां की सिस्टर इंचार्ज से पूछा, "वे इस तरह क्यों हैं? तुम क्यों उनके चेहरों पर मुस्कान नहीं देख सकतीं? (मैं लोगों के चेहरों पर मुस्कान देखने की आदी हूं, एक प्रेम भरी मुस्कान।)"

सिस्टर ने उत्तर दिया, "हर दिन यही होता है। ये हमेशा किसी का इंतजार करते हैं, कि कोई उनसे मिलने के लिए आये। अकेलापन इन्हें खाता है, दिन पर दिन के बाद भी ये देखना नहीं छोड़ते। कोई नहीं आता है।

परित्याग एक भयानक गरीबी है। यहां हर जगह गरीब लोग हैं, मगर अधिक गरीबी से कोई प्रेम नहीं करता।

कोई गरीब जो हमारे पास या दूर रहता हो, वो ही भौतिक और आध्यात्मिक गरीब कहा जा सकता है। वे रोटी या दोस्ती के भूखे हो सकते हैं। उन्हें कपड़ों की जरूरत है, और उन्हें धन और भगवान के प्रेम की आवश्यकता हो सकती है। उन्हें एक ऐसे घर की आवश्यकता जो की ईंटों, सीमेण्ट या एक शरण दे और अपने दिलों में जगह दे।

छोटी बातें याद रखना

मेरी कुछ बहनें ऑस्ट्रेलिया में कार्य करती हैं। एक आरक्षण के बीच एक बूढ़ा व्यक्ति था। मुझे पक्का विश्वास है कि ऐसी स्थिति और मुश्किल में तुम्ने ऐसा कोई

बूढ़ा व्यक्ति नहीं देखा होगा। वह पूरी तरह से सबके द्वारा नजरअंदाज कर दिया गया था। उसका घर बेतरतीब और गन्दा था।

मैंने उससे कहा, "मैं इस तरह ही ठीक हूं। जाने दो।"

मैंने दोबारा कहा, "तुम ज्यादा आराम महसूस करोगे यदि तुम मुझे ऐसा करने की आज्ञा दो तो।"

अन्त में वह सहमत हो गया। इसलिए मैं उसका घर साफ करने और उसके कपड़े धोने में सक्षम थी। मैंने एक सुन्दर चिराग की खोज की, धूल साफ की। केवल भगवान ही जानता था कि पिछले कितने दिन से उसे नहीं जलाया था।

मैंने उससे कहा, "क्या तुम दीपक नहीं जलाते? क्या तुम इसे कभी उपयोग नहीं करते?"

उसने उत्तर दिया, "नहीं, मुझे कोई देखने नहीं आता है। मुझे प्रकाश की आवश्यकता नहीं है। कौन है यहां–जिसके लिए प्रकाश करूं?"

मैंने पूछा, "क्या तुम हर रात प्रकाश करते–अगर बहनें आया करतीं?"

उसने कहा, "हां"

उसी दिन से सभी बहनों ने यह प्रतिबद्ध किया कि हर शाम उसके पास दौरा किया करेंगे। हमने दीपक साफ किया, और बहनों ने हर शाम यहां पर रोशनी की।

दो साल गुजर गये। मैं उस व्यक्ति को पूरी तरह भूल चुकी थी। उसने सन्देश भेजा "मेरे दोस्त, वह प्रकाश जो तुमने मेरे जीवन में किया था, वह अभी भी चमक रहा है।"

मैंने सोचा, यह एक बहुत छोटी बात थी। हमें हमेशा छोटी बातों को नजरअंदाज करना चाहिए।

खुशी और प्रार्थना

एक दिन रोम की एक नौसिखिया मेरे पास आयी। वह रो रही थी। मैंने एक पूछा, "क्या मामला है?" वह सिर्फ एक परिवार से आयी थी। उसने कहा, "मां! मैंने ऐसा दुःख कभी नहीं देखा। उस घर में कुछ नहीं था। उस घर में भयानक बीमारी, भयानक कैंसर था, मैं कुछ नहीं कर सकती थी। कृपया मुझे थोड़ा प्रायश्चित करने की आज्ञा दीजिए। मैं उस दुख में सांझी होना चाहती हूं।"

उसकी एक जवान बहन थी, वह हमारी मण्डली में तीन साल से थी, मगर यह बहुत दुखदायी था दूसरों को दुःख में देखना।

प्रार्थना में आनन्द है। जोश में ताकत है। जोश प्रेम का जाल है जिसके द्वारा तुम आत्मओं को पकड़ सकते हो। भगवान प्रसन्नदाता से प्रेम करता है। भगवान उन्हें अधिक देता है, जो जोश के साथ देता है। यह सबसे अच्छा तरीका है, भगवान को हमारी कृतज्ञता दिखाने और लोगों को खुशी के साथ सब कुछ स्वीकार करने का। एक जोश से भरा दिल सामान्य परिणाम देगा एक जले हुए हृदय को।

कभी कुछ मत छोड़ो, मसीह की खुशी से बढ़कर कुछ नहीं है।

यही मैंने अपनी बहनों को बताया। यही मैंने तुम्हें बताया।

15

नोबेल तथा अन्य पुरस्कार

मदर टेरेसा जी के इन महान् सेवा कार्यों की गूँज बहुत दूर-दूर तक फैल गयी थी। मानवतामय हृदय की धड़कन दूर-दूर तक सुनाई देने लगी थी। उनकी सेवा-भावना ने भारत और उसके बाहर के देशों तक मदर का नाम पहुंचा दिया था। भारतीय उड्डयन विभाग ने उन्हें निःशुल्क हवाई यात्रा का उपहार दिया। दुनिया के अनेक देशों ने इसका स्वागत किया और अपने यहां भी मदर को निःशुल्क हवाई यात्रा की अनुमति दे दी।

मदर ने अनेक देशों में दीन-दुखियों की सेवा के लिए शाखाएं खोल दीं। भारत में प्रशिक्षित संन्यासिनियां विदेशों में जाकर मानव सेवा का प्रचार करने लगीं। समूचे विश्व में टेरेसा जी का मिशन फैल गया।

अब बारी थी पुरस्कारों की। 1962 में भारत सरकार मदर को पद्यमश्री पुरस्कार से सम्मानित कर चुकी थीं। उसी वर्ष उन्हें रोमन मेगसेसे पुरस्कार मिला था।

मदर टेरेसा जी को विश्व का सर्वोच्च सम्मान 1979 में दिया गया। बुधवार का दिन था 17 अक्टूबर 1979 शाम को छः बजकर चालीस मिनट पर नार्वे के टेलीप्रिंटर से एक समाचार आया : नोबेल कमेटी के अध्यक्ष जॉन सानेन्स ने सेवा, प्रेम तथा करुणा की प्रतिमूर्ति मदर टेरेसा को 1979 का नोबेल पुरस्कार प्रदान करने की घोषणा की है। मदर उस समय 54-ए आचार्य जगदीश बसु रोड स्थित मिशन के भवन में दीन-दुखियों की सेवा में लीन थीं। समाचार फैलते ही मदर को बधाई संदेश मिलने शुरू हो गए। इसी भवन में स्थित 'मिशनरीज ऑफ चैरिटी' का कार्यालय है। मदर इसी कार्यालय में बैठकर इन संदेशों का जवाब देने लगीं।

मदर तो समत्व को प्राप्त महासन्त थीं। उन्हें पुरस्कार मिलने से कोई फर्क नहीं पड़ा था, परन्तु वे इस बात से अवश्य हर्षित हुईं कि उन्हें एक लाख नब्बे हजार अमरीकी डॉलर का नोबेल पुरस्कार मिलेगा तो उस रकम से गरीबों और बीमारों की सेवा का अच्छा इन्तजाम हो जाएगा।

टेरेसा जी का नोबेल पुरस्कार विश्व में चर्चा का विषय बन गया। भारत के लिए तो यह परम सौभाग्य की बात थी। मदर टेरेसा भारत की नागरिक थीं और उनके कार्यक्षेत्र का केन्द्रीय स्थल भारत ही था।

6 जनवरी 1971 को मदर को पोप जॉन पाल के तेरहवें शांति पुरस्कार से सम्मानित किया गया। इसी वर्ष न्यूयार्क में उन्हें 'गुट सेमेरिटन' अवार्ड से सम्मान्ति किया गया। वांशिंगटन में मदर को कई हजार डॉलर की कीमत का 'कैनेरी इंटरनेशनल' अवार्ड प्रदान किया गया। इस अवसर पर पूरा कैनेडी परिवार मदर को सम्मान देने के लिए उपस्थित था। मदर ने यह पूरी रकम मदर टेरेसा होम, दमदम कलकता के मानसिक रूप से बीमार बच्चों के अस्पताल पर खर्च कर दी। कुछ समय बाद मदर को कैथोलिक यूनीवर्सिटि ऑफ अमेरिका ने डॉक्टर ऑफ हूमन लैटर्स' की उपाधि प्रदान की।

1972 में मदर को भारत सरकार ने जवाहरलाल नेहरू 'अवार्ड फॉर इंटरनेशनल अंडरस्टेंडिंग' पुरस्कार से सम्मानित किया।

1973 में मदर टेरेसा के सेवा-कार्य को ग्रेट ब्रिटेन ने सराहा और उन्हें 'फाउंडेशन प्राइज फॉर प्रोग्रेस इन रिलीजन' देकर सम्मानित किया।

1975 अंतर्राष्ट्रीय महिला वर्ष के रूप में विश्व भर में मनाया गया था। मैक्सिको में आयोजित विश्व स्तरीय सम्मेलन में मदर टेरेसा को भारत से आई विशेष अतिथि के रूप में सम्मानित किया गया। 1980 में भारत सरकार ने एक बार फिर मदर टेरेसा के महत्त्वपूर्ण कार्य को सम्मान देने का मन बनाया और उन्हें सर्वोच्च पुरस्कार 'भारतरत्न' प्रदान किया। 25 नवम्बर 1983 को महारानी एलिजाबेथ ने मदर को ब्रिटेन के सर्वोच्च पुरस्कार 'ऑर्डर ऑफ मैरिट' देकर उनका मान बढ़ाया।

पुरस्कारों पर मदर टेरेसा ने प्रतिक्रिया कुछ इस तरह व्यक्त की–"यू नो दिस इज आलसो ए काइंड ऑफ ह्यूमिलिएशन"–वे इसे एक प्रकार का उत्पीड़न मानती थीं। उनके शब्दों में "यह एक व्यथाभरा तामझाम है। एक ऐसी व्यथा जिसे मैं बार-बार झेलती हूँ, लेकिन केवल गरीबों के नाम पर जीसस को साक्षी मानकर मैं यह व्यथा सह लेती हूँ।" मदर को मिली पुरस्कार की राशि से मिशन को बहुत लाभ

हुआ। अनेक योजनाएं इसी धन से पूरी की जा सकी थीं। आगरा स्थित 'होम' का निर्माण मेगसेसे पुरस्कार में मिली रकम से पूरा हुआ था।

नोबेल पुरस्कार की सूचना मिलने पर पहले मदर उसके लिए तैयार न थीं परन्तु जब सबने उनसे निवेदन किया तो वे बोलीं—"ठीक है, प्रबन्धकों को सूचना दे दो—पुरस्कार की राशि में 'गरीबों के नाम पर' लेने को तैयार हूँ।"

9 दिसम्बर, 1979 को मदर पुरस्कार लेने के लिए ओस्लो नगर पहुंच गईं। 10 दिसम्बर को एक भव्य समारोह के बीच मदर ने नोबेल पुरस्कार प्राप्त किया। समारोह में पुरस्कार लेने पहुंचे सभी विशेष रूप से सजे-धजे व्यक्तियों के बीच नीली किनारी वाली सस्ती सफेद साड़ी पहने मदर टेरेसा बैठी थीं। काम के बोझ से उनकी कमर झुक गई थी। मदर के आग्रह पर समारोह में उपस्थित आठ सौ व्यक्तियों ने सेंट फ्रांसिस की प्रार्थना को सामूहिक गायन कर समारोह का शुभारंभ किया था।

प्रार्थना के पश्चात् नोबेल कमेटी के अध्यक्ष प्रो. जॉन सानेन्स ने कहा—"नार्वेजियन नोबेल कमेटी ने जो निर्णय लिया है उसे मैं वर्ल्ड बैंक के प्रेसीडेंट रॉबर्ट एस. मैकनमारा के भावभीने शब्दों में प्रस्तुत करता हूँ...मदर टेरेसा नोबेल पुरस्कार की सही रूप से अधिकारिणी हैं क्योंकि वह समाज के सबसे नीचे तबके के लाखों दीन-हीन व्यक्तियों के मानवीय पवित्रता एवं गौरव को बचाने का प्रयास कर मूल रूप से शांति का प्रसार कर रही हैं। इस प्रयास में उन्होंने गरीब और अमीर दोनों को एक दूसरे के करीब लाकर रख दिया है।"

मदर को जब यह पता लगा कि नोबेल पुरस्कार प्राप्त व्यक्तियों के सम्मान में एक विशेष भोज की व्यवस्था की जा रही है और उस पर बड़ी राशि खर्च होगी तो उन्होंने आयोजकों के सामने प्रस्ताव रखा—"इस दावत में व्यय होने वाली विशाल राशि से मैं उन हजारों लोगों के भोजन की व्यवस्था करना चाहती हूँ जिन्हें इसकी भारी जरूरत है।"

इस पर निर्णय बदल दिया गया और वे सारी धनराशि कोलकाता के गरीब लोगों के लिये भेज दी गयी। मदर के बारे में जब यह समाचार दुनिया भर के अखबारों में छपा तो लाखों लोगों के हृदय द्रवित हो गए। टी.वी. पर बच्चों ने जब यह कार्यक्रम देखा तो वे इतने प्रभावित हुए कि अपने जेब खर्च के पैसे इकट्ठे करके उन्होंने मदर के पास भेज दिए। दुनिया भर से मदर के पास धन की बरसात होने लगी। देखते-देखते मदर के पास गरीबों के लिए भारी राशि इकट्ठी हो गई। जितना धन नोबेल पुरस्कार से मिला था उससे कई गुना बाहर से आ गया।

मदर टेरेसा को पुरस्कार एवं सम्मान

- सन् **1962** : पद्मश्री से सम्मानित किया गया।
- सन् **1971** : जान 12वां शान्ति पुरस्कार से सम्मानित।
- सन् **1971** : कैनेडी पुरस्कार से सम्मानित।
- सन् **1972** : करुणादत्त, संजल ऑफ चैरिटी से सम्मानित।
- सन् **1972** : जवाहर लाल नेहरू पुरस्कार के लिए अंतर्राष्ट्रीय समझौता।
- सन् **1973** : टेंम्पेलटन पुरस्कार से सम्मानित।
- सन् **1974** : मैटर एट मजिस्ट्रा।
- सन् **1975** : अलबर्ट स्विट्जर अंतर्राष्ट्रीय पुरस्कार से सम्मानित।
- सन् **1977** : डॉक्टर ऑनोरिस काउजा इन थियोलॉजी, कैम्ब्रिज विश्वविद्यालय।
- सन् **1979** : शान्ति के लिए नोबेल पुरस्कार प्राप्त।
- सन् **1982** : डॉक्टर ऑनोरिस काउजा, कैथोलिक विश्वविद्यालय ब्रूसेल्स।
- सन् **1948** : महारानी एलिजाबेथ द्वारा आर्डर ऑफ मेरिट से सम्मानित।
- सन् **1996** : अमेरिका की मानद नागरिकता।

16

मदर टेरेसा का भाषण एवं संदेश

आखिरी दिन पर, यीशू उनसे कहेगा जो लोग उसके दाहिने होंगे–"आओ, राज्य में प्रवेश करो। उसके लिए मैं भूखा था और तुमने मुझे खाना दिया, मैं प्यासा था और तुमने मुझे पानी दिया। मैं बीमार था, तुमने मेरी देखभाल की।" उसके बाद यीशू अपने बायें हाथ के नीचे बैठे लोगों से कहेगा, "यहां से चले जाओ, क्योंकि मैं भूखा था और तुमने मुझे खाना नहीं दिया, मैं प्यासा था और तुमने मुझे पानी नहीं दिया, मैं बीमार था और तुमने मेरी देखभाल नहीं की।"

यह उनसे पूछेगा, "हम कब तुम्हें भूखा देखते हैं, या प्यासा, बीमार और क्या तुम्हारी मदद को नहीं आते?" और यीशू का उत्तर होगा, "जो कुछ कार्य भी इनमें से तुमने नजरअंदाज किया, तो तुमने मुझे नजरअंदाज किया है।"

हम यहां एक प्रार्थना करने के लिए एकत्र हुए हैं, मैं सोचती हूं यह सुन्दर होगा कि हम अपनी प्रार्थना उस यीशू की भावनाओं के लिए शुरू करें, जो वह हमसे चाहता है। सेंट फ्रांसिस यीशू के इन शब्दों को बहुत अच्छी तरह समझ गये और उनका जीवन इन प्रार्थनाओं द्वारा अच्छी तरह व्यक्त किया और यह प्रार्थना, जो हम प्रतिदिन प्रवित्र भोज के बाद करते हैं, मुझे हमेशा चकित करती है, क्योंकि यह हममें से प्रत्येक के लिए उचित है और मैं 800 साल पहले से आश्चर्य में हूं जब सेंट फ्रांसिस थे, उन्हें भी यही मुश्किलें थीं, जो हमें आज हैं। मैं सोचती हूं कि हमें हमेशा शान्ति से प्रार्थना के लिए तैयार रहना है, तो हम साथ मिलकर प्रार्थना करेंगे।

चलो उस खुदा का शुक्रिया अदा करें जिसने हमें आज यह मौका दिया है कि साथ मिलकर प्रार्थना करें। हम यहां विशेषकर शान्ति के लिए प्रार्थना करने आयें

हैं, जोश और प्रेम के लिए। हम याद दिला रहे हैं कि यीशू गरीबों के लिए अच्छी खबर लेकर आया था। उसने हमें बताया है कि वह अच्छी खबर क्या है। उसने कहा, "मेरी शान्ति तुम्हारे साथ है। मेरी शान्ति मैं तुम्हें देता हूं।" वह दुनिया को शान्ति देने नहीं आया। वह दिल की शान्ति और प्यार हमें देने आया, जो हम दूसरों के लिए अच्छा कार्य करें।

और खुद दुनिया से बहुत प्रेम करता था कि उसने अपना बेटा दे दिया। उसने अपना निर्मल पुत्र मेरी को दिया कि वह उसके साथ क्या करे? जैसे ही यीशू मेरी के जीवन में आया, तुरन्त वह यह अच्छी खबर देने गया और जैसे ही वह अपने चचेरे भई एलिजाबेज इंजील के घर में आया, वे खुशी के साथ उछल पड़े। हालांकि अभी यीशू उनके गर्भ में थे।

यदि यह काफी नहीं था, और जैसे कि यह काफी नहीं था कि परमेश्वर का पुत्र हमें शान्ति और जोश देने के लिए यहां आये। अपने महान प्रेम को दर्शाने के

लिए यीशू की क्रास पर मृत्यु हो गई है। वह हमारे और तुम्हारे लिए मर गया, वह कोढ़ी और उस आदमी के लिए मरा जो कि सड़क पर नंगा था, सिर्फ कलकत्ता की सड़क पर ही नहीं, मगर अफ्रीका और हर जगह। यीशू हमें इस बात के लिए प्रेरित करता है कि हम एक-दूसरे से प्रेम करें, जैसे वह हमसे करता था। यीशू ने प्रेम के लिए अपना जीवन दिया और हममें बताया कि हम भी एक-दूसरे के लिए अच्छा कार्य करें और सुसमाचार में यीशू ने स्पष्ट रूप में कहा है, प्रेम करो जैसे मैं तुम्हें प्रेम करूं।

यीशू की क्रास पर मृत्यु हो गई क्योंकि वह हमारे लिए यहां अच्छा करने के लिए आया था। वह हमें पाप और स्वार्थ से बचाने के लिए आया था। उसने हमें वह सब कुछ दिया जो एक पिता का होगा। हमें पता चला है कि हम भी भगवान के लिए सब कुछ देने के लिए तैयार रहें। यदि हम ऐसा नहीं कर रहे हैं, एक-दूसरे का अच्छा नहीं कर रहे, पाप अभी भी हम में है। यही कारण है कि हमें तब तक उसे देना है, जब तक कि वह दुखी है।

हमारे लिए यही कहना काफी नहीं है, "मैं भगवान से प्रेम करता हूं", मगर मैं अपने पड़ोसियों से भी प्रेम करता हूं। सेंट जॉन कहते हैं कि तुम यह झूठ कहते हो कि तुम खुदा से प्रेम करते हो, अपने पड़ोसियों से नहीं। तुम खुदा से कैसे प्रेम कर सकते हो, जब तुमने उसे देखा ही नहीं—यदि तुम अपने पड़ोसी से प्रेम नहीं करते जिसे तुमने देखा, तुमने स्पर्श किया, जिसके साथ तुम रहते हो? और इसलिए हमारे लिए यह बहुत महत्वपूर्ण है कि उस प्रेम को जानें जो सच्चा है। मैं जो कुछ भी करता हूं, दूसरों के अच्छे के लिए करता हूं, उन्हें नुकसान पहुंचाने के लिए नहीं। नहीं तो यह सच्चा प्रेम नहीं है, मैं अन्याय कर रहा हूं उन लोगों के साथ।

यीशू हमें प्रेम करता है। हमें महान कार्यों के लिए बनाया गया है, प्रेम करने के लिए। इसलिए हमें बनाया गया है कि उसी की तरह प्रेम करें। यीशू ने अपने आप को भूखा, नंगा, बेघर, अनचाहा रखा, और उसने कहा, "तुमने मेरे साथ किया।" पिछले दिनों उसने कहा जो सही थे, "जो कुछ कार्य भी तुमने इनमें से किया, वह तुमने मेरे लिए किया, और उसने अपने बायीं ओर वालों से भी कहा, यदि तुमने इन्हें नजरअंदाज किया तो तुमने मुझे नजरअंदाज किया है।

जब वह क्रास पर मर रहा था, यीशू ने कहा, "मैं प्यासा हूं।" यीशू हमारे प्रेम का प्यासा था, और यह प्यास हममें से प्रत्येक अमीर, गरीब सबके लिए है। हम सभी एक-दूसरे के प्रेम के प्यासे हैं, और वे अपनी राह पर चल दिये, बिना

मुस्कान पहुंचाये हमारा भला करने के लिए। यही सच्चे प्रेम का अर्थ है, तुमने उसे दुख दिया।

मैं वह अनुभव कभी नहीं भूल सकती, जब मैं एक संस्था में गई थी, वहां पर बूढ़े माता-पिता, बेटों और बेटियों को रखा गया था। मैंने वहां देखा कि वहां उन पर बूढ़े माता-पिता के लिए सब कुछ था, अच्छा भोजन, आरामदायक जगह, टी.वी., प्रत्येक वस्तु, मगर हर कोई दरवाजे की ओर देख रहा था और मैंने किसी के भी चेहरे पर एक मुस्कान तक नहीं देखी। मैंने सिस्टर से पूछा, "ये लोग ऐसा क्यों कर रहे हैं जबकि यहां प्रत्येक आराम है, ये दरवाजे की ओर क्यों देख रहे हैं। ये मुस्कुरा क्यों नहीं रहे हैं?"

मैं लोगों के चेहरों पर मुस्कान देखने की आदी रही हूं और सिस्टर ने कहा, "इस तरह यह लगभग रोज होता है। यह रोज यह आशा करते हैं कि शायद आज उनका बेटा या बेटी उनसे मिलने आयेगा। ये नजरअंदाज किये जाने के कारण दुखी हैं और यह देखो, यह उपेक्षित प्रेम इनके अन्दर आध्यात्मिक गरीबी ला रहा है। शायद हमारे परिवार में भी ऐसा कोई हो जो अकेला, बीमार और दुखी महसूस कर रहा हो, हमें सबसे पहले उन पर ध्यान देना चाहिए। यही वह प्रश्न है जो हमें खुद से करने हैं। खासकर अपने परिवार से। हमें यह याद रखना चाहिए कि प्रेम घर से शुरू होता है और हमें याद रखना चाहिए कि मानवता का भविष्य हमारे परिवार से शुरू होता है।

यदि हम यह याद रखें कि भगवान हमें प्रेम करता है, और यह कि दूसरों से प्रेम करके हम खुदा से प्रेम कर सकते हैं, तब अमेरिका दुनिया के लिए शान्ति का प्रतीक हो सकता है। यहां से कमजोर-से-कमजोर अजन्में बच्चे की देखभाल के लिए दुनिया से बाहर जाना होगा। यदि तुम दुनिया में इंसाफ और शान्ति की ज्वाला प्रकाशित करो, तब तुम वास्तव में इसके संस्थापकों में खड़े हो जाओगे।

मदर टेरेसा का सन्देश

मदर टेरेसा का चौथे संयुक्त राष्ट्र महिला सम्मेलन के लिए सन्देश

प्रिय दोस्तों,

मैं उन सबके लिए प्रार्थना कर रही हूं जो चौथे विश्व सम्मेलन (बीजिंग) में भाग ले रहे हैं। मैं आशा करती हूं कि यह सम्मेलन उन सभी की मदद करेगा जो जानते हैं कि भगवान की योजना में प्रेम और महिलाओं का सम्मान खास स्थान है। ताकि वे भी इस योजना को अपने जीवन में पूरा करें।

मेरी समझ में नहीं आता कि कुछ लोग ये क्यों कह रहे हैं कि महिलाएं और पुरुष समान हैं, वे पुरुषों और महिलाओं के बीच खूबसूरत मतभेदों को नकार रहे हैं। खुदा के सभी उपहार अच्छे हैं, लेकिन वे सभी समान नहीं। जैसा कि मैंने अकसर लोगों को कहते सुना है कि वे भी ऐसे ही गरीब लोगों की सेवा करना चाहते हैं जैसे मैं करता हूं। जो मैं कर सकता हूं, क्या तुम नहीं कर सकते? तुम क्या कर सकते हो? मगर एक साथ मिलकर हम खुदा के लिए कुछ अच्छा कर सकते हैं। यह सिर्फ इस कारण है, महिला और पुरुषों के बीच मतभेदों के साथ।"

भगवान ने हममें से हर एक को बनाया है, हर मानव को, महान चीजों को, प्रेम करने के लिए। मगर परमेश्वर ने क्यों हममें से कुछ लोगों को महिला और पुरुष बनाया? क्योंकि एक औरत का प्रेम, खुदा के प्रेम की एक छवि है और एक आदमी का प्रेम, भगवान के प्रेम की दूसरी छवि है, दोनों को प्रेम के लिए बनाया, लेकिन अलग-अलग तरीके से। औरत और आदमी एक-दूसरे को पूर्ण करने और एक साथ भगवान के प्रति प्रेम प्रदर्शित करने के लिए जो वह अकेले कर सकता है।

प्यार की एक विशेष शक्ति एक औरत में स्पष्ट रूप से तभी दिखाई पड़ती है, जब वह मां बनती है। मातृत्व महिलाओं को भगवान का उपहार है। हम भगवान के कितने ज्यादा शुक्रगुजार हैं कि उसने हमें इतना अच्छा उपहार दिया, जो पूरी दुनिया को खुशी लाता है। आज हम मातृत्व के इस उपहार, विशेष रूप से गर्भपात की बुराई को नष्ट कर सकते हैं, मगर यह भी सोच रहे हैं कि दूसरी चीजें, जैसे नौकरियां, दर्जा ज्यादा महत्वपूर्ण है, जो प्रेम यह दूसरों को देते हैं, नौकरी, योजना, सम्पत्ति और स्वतन्त्रता कोई भी प्रेम का स्थान नहीं ले सकता। कुछ तो है कि जो भगवान के द्वारा प्रदान मातृत्व के उपहार को नष्ट करता है, वह औरत के सबसे कीमती उपहार को नष्ट करता है, औरत के प्रेम की क्षमता को नष्ट करता है।

भगवान ने हमसे कहा, "अपने पड़ोसी से प्रेम करो।"—तो सबसे पहले मैं अपने आप से प्रेम कर रहा हूं, फिर इसी तरह अपने पड़ोसी से प्रेम करता हूं। मगर मैं खुद को कितना प्रेम कर सकता हूं, जबकि मैं खुद खुदा के द्वारा बनाया गया हूं। जो लोग पुरुष और महिला के बीच खूबसूरत मतभेद को स्वीकार नहीं करते, जो कि खुदा ने बनाया है, इसलिए वह अपने पड़ोसी से प्रेम नहीं कर सकते। वह दुनिया को सिर्फ विभाजन, अप्रसन्नता, तबाही ही दे सकेंगे। उदाहरण

के लिए, अगर मैं कहूं, आज गर्भपात शान्ति की दुनिया का सबसे बड़ा विध्वंसक है, और जो पुरुष और महिला को एक ही कहते हैं, वे सभी गर्भपात का पक्ष ले रहे हैं।

बजाय मृत्यु और दुख के, चलो दुनिया में शान्ति और खुशी लायें। यह करने के लिए हम भगवान से भीख मांगते हैं, लोगों को शान्ति, प्रेम का पाठ पढ़ायें और एक-दूसरे को भाई-बहन समझकर, भगवान के बच्चे समझें। हम जानते हैं कि सबसे अच्छी जगह बच्चे के लिए यह सीखना है कि प्रेम और प्रार्थना कैसे करते हैं, उसका परिवार है। अपने मां-बाप की प्रार्थना और प्रेम देखकर। जब परिवार टूटता है, बहुत से बच्चों को यह पता नहीं होता कि प्रेम और प्रार्थना कैसे करें। इस देश में जहां बहुत से परिवार इस तरह टूटते हैं, वहां बहुत-सी परेशानियां होंगी। अमीर देशों में मैंने अधिकतर देखा है, कैसे बच्चे ड्रग्स और दूसरी वस्तुएं अपना लेते हैं, जिनके अहसासों को खारिज कर दिया गया।

मगर जब परिवार मजबूत और एक होते हैं, बच्चे अपने माता-पिता में एक विशेष प्रेम रखते हैं, जो अपने देश से प्रेम करते हैं और अपने देश में एक धार्मिक स्थान बनाना चाहते हैं। बच्चे परिवार के लिए भगवान का सबसे अच्छा उपहार हैं और माता-पिता दोनों की जरूरत हैं, क्योंकि हर एक भगवान के प्रेम को विशेष प्रकार से दर्शाता है। जो परिवार साथ प्रार्थना करते और साथ रहते हैं, यदि वे एक साथ रहकर एक-दूसरे से प्रेम करेंगे, जैसे खुदा हममें से हर एक को प्रेम करता है। प्रेम के लिए कार्य करना शान्ति के लिए कार्य करना है।

चलो, यह जोश अपने हृदय में भरें और अपने मिलने वालों में यह जोश बांटें। मेरी प्रार्थना सभी प्रतिनिधियों के लिए है और हर उस औरत के लिए जो बीजिंग सम्मेलन में मदद कर रही है, हर एक निर्मल और मरियम की तरह शुद्ध हो सकता है, ताकि हम सभी प्रेम और शान्ति से रहें और हमारा परिवार और हमारी दुनिया भगवान के लिए सुन्दर बन जाये।

चलों, हम प्रार्थना करें।

अलकाहिला अन्तर्राष्ट्रीय सम्मेलन (जनसंख्या और विकास) को मदर टेरेसा द्वारा भेजा गया पत्र सितम्बर, 9, 1994

मैं आज अपने हृदय से तुमसे बात करती हूं, हर व्यक्ति से, दुनिया के सभी देशों से, सत्ता के साथ उन लोगों से जो बड़ा निर्णय लेने के साथ ही, उन सभी माताओं, पिताओं और बच्चों से, जो गांव और कस्बों में हैं।

आज हम सब इसलिए यहां हैं क्योंकि हम सभी भगवान से प्रेम करते हैं, जिसने हमें और माता-पिता को बनाया, जिसने हमें स्वीकारा और सारी जिन्दगी हमारी देखभाल की। जिन्दगी खुदा का सबसे सुन्दर उपहार है। इसीलिए यह इतना दुखद है, हमारे चारों ओर आज दुनिया में क्या हो रहा है। जीवन को जानबूझकर युद्ध में नष्ट किया जा रहा है, हिंसा द्वारा, गर्भपात द्वारा और हमें अधिक-से अधिक कार्यों के लिए खुदा की ओर से बनाया गया है। प्रेम करने के लिए भी।

मैंने अक्सर कहा है और मुझे पूर्ण विश्वास है कि शान्ति की इस दुनिया में आज सबसे बड़ा विध्वंसक गर्भपात है। एक मां अपने बच्चे को मार सकती है—वह क्या है जो हमें एक-दूसरे को मारने से रोक सके? सिर्फ वह है जिसे जीवन लेने का अधिकार है और जिसने इसे बनाया है और कोई नहीं है, ना सम्मेलन, ना ही सरकार।

मुझे अपने हृदय में गहरा विश्वास है, तुम्हें पता है कि एक अजन्मे बच्चे से भगवान को प्रेम है, तुम्हारी और मेरी तरह। किसी को कैसे पता हो सकता है, जानबूझकर जीवन को नष्ट कर रहा है? इस डर से मुझे उन सभी लोगों के बारे में सोचना है जो उन्हें मान सकते हैं।

अन्तरात्मा की इतनी ही आवाज है कि वह गर्भपात प्रदर्शन कर सकते हैं। जब हम मर जायेंगे, हम खुदा के आमने-सामने होंगे, जीवन के लेखक के। उन लाखों-लाख बच्चों जिन्हें जीने का मौका नहीं मिला, प्रेम का अनुभव नहीं मिला, उनका हिसाब कौन देगा?

भगवान की बनाई यह दुनिया हम सभी के जीने के लिए काफी है। यह सिर्फ हमारा सदस्य ही है जो किसी को स्वीकार कर सके या चाह सके। यदि वह सारा पैसा हम लोगों को मारने में खर्च कर रहे हैं, यदि वही पैसा लोगों को खिलाने, घर देने और उन्हें पढ़ाने में खर्च करें तो दुनिया कितनी सुन्दर हो सकती है! हम अकसर बलिदान से भी डरते हैं, जो हमें करना होगा। मगर जहां प्रेम होता, वहां हमेशा त्याग होता है और जब तक यह प्रेम का दर्द होता है, वहां खुशी और शान्ति होती है।

यदि कोई बच्चा है जिसे कि तुम नहीं चाहते और ना ही उसे खिला और पढ़ा सकते हो, उस बच्चे को मुझे दे दो। मैं किसी बच्चे को नहीं अस्वीकार करूंगी।

मैं एक घर दूंगी और उस घर के लिए एक प्यार करने वाले माता-पिता तलाश करूंगी, उस बच्चे के लिए। हम गर्भपात के विरूद्ध लड़ रहे हैं और हजारों गोद लिए बच्चों की देखभाल करने वाला परिवार दिया है और यह बहुत सुन्दर है। एक बच्चे को परिवार में प्यार और एकता मिले।

एक बच्चा परिवार के लिए परमेश्वर का एक सुन्दर उपहार है, एक देश के लिए भी। यह उपहार के लिए खुदा से इंकार मत करो। तुममे से हर एक के लिए मेरी प्रार्थना है कि तुम्हारा हमेशा भगवान में विश्वास बना रहे और एक अजन्मा बच्चा भी शामिल रहे।

भगवान तुम्हार भला करें।

17

मदर टेरेसा के महत्वपूर्ण कथन

नर्सिंग–मैं हर इंसान में भगवान को देखती हूं। जब मैं कोढ़ी के घाव धोती हूं, तो मैं खुद को यीशू महसूस करती हूं। क्या यह एक खूबसूरत अनुभव नहीं है?

मैं लोगों को गरीबों को प्रेम देने की कोशिश करती हूं, जो अमीर पैसों से यह कह सकेंगे। मैं एक कोढ़ी को एक हजार पाउंड के लिए नहीं छूती, मैं भगवान की खुशी के लिए उनकी देखभाल करती हूं।

जिम्मेदारी–जब कोई गरीब व्यक्ति भूख से मर जाता है, यह इसलिए नहीं होता क्योंकि भगवान ने उसकी देखभाल नहीं–वह इसलिए होता है क्योंकि मेरी या आपकी उसे जरूरत थी।

गर्भपात–गर्भपात गर्भ में हत्या करना है। एक बच्चा खुदा का उपहार है। अगर तुम उसे नहीं चाहते तो मुझे दे देना।

शांति का सबसे बड़ा विध्वंसक गर्भपात है, क्योंकि यदि एक मां अपने बच्चे को मार सकती है, तो मेरे और तुम्हारे मरने में क्या रह जाता है? उनके बीच कुछ नहीं है।

सफलता–भगवान को हमारे सफल होने की जरूरत नहीं है, वह चाहता है हम कोशिश करें।

काम–हमें अपने आप महसूस होता है कि हम क्या कर रहे हैं, सिर्फ सागर में एक बूंद है। मगर सागर में इस बूंद की कमी से कम हो जायेगा।

हम कोई बड़े काम नहीं कर सकते, सिर्फ प्रेम के द्वारा छाटी चीजें करें।

कभी संख्या के बारे में चिंता मत करो। एक समय में एक व्यक्ति की मदद करो और हमेशा अपने करीबी व्यक्ति से आरम्भ करो।

नेताओं के लिए इंतजार मत करो। अकेले करो व्यक्ति से व्यक्ति तक। मैं प्रार्थना करती हूं कि तुम यीशू के शब्दों को समझो : "एक दूसरे से मेरी तरह प्रेम करो।" खुदा से पूछो—"वह मुझे कैसे प्रेम करता है? क्या मैं उसी तरह दूसरों से प्रेम करता हूं जिस तरह का प्रेम हमारे बीच है, हम खुद को काम से मार सकते हैं और यह सिर्फ प्रेम से होगा। प्यार के बिना कार्य गुलामी है।

प्यार की भूख—

सबसे भयानक गरीबी अकेलापन और अप्रिय महससू किया जाना है।

प्यार की भूख को मिटाना रोटी की भूख से अधिक कठिन है।

अनचाहा, अप्रिय, सूना, सभी के द्वारा भूलना मैं सोचता हूं कि यह एक अधिक भूख है, ज्यादा गरीबी है उस व्यक्ति के लिए जो ज्यादा लोगों को तो खिला नहीं सकता, सिर्फ एक को खिला सकता है।

ठीक करना—वहां कम बात होनी चाहिए, उपदेश बिंदु एक बैठक्र बिंदु नहीं है। फिर तुम क्या करते हो? एक झाड़ू. लो और किसी का घर साफ करो। यही काफी है।

अकसर लोक अनुचित होते हैं, विसंगत और आत्म-केन्द्रित होते हैं, वैसे ही उन्हें माफ कर दीजिये।

यदि तुम दयालु हो, लोग तुम पर स्वार्थी होने का आरोप लगायेंगे, गलत उपदेश कर सकते हैं, उसी तरह दयालु रहो।

यदि तुम सफल हो, तुम कुछ गलत दोस्तों और सच्चे शत्रुओं को जीत सकोगे। ऐसे ही सफल रहो।

यदि तुम ईमानदार और उदार हो, लोग तुम्हें धोखा देंगे, ईमानदार रहो और सबसे उदार रहो।

क्या आप साल के निर्माण में खर्च करते हैं, किसी की रात नष्ट कर सकते हैं, वैसे ही बनाएं।

यदि आपको शांति और खुशी मिल जाए, वे तुमसे ईर्ष्या कर सकते हैं, वैसे ही खुश रहो।

तुमने आज अच्छा किया है, कल को लोग अकसर भूल जाएंगे, तुम अच्छा करो।

दुनिया को अपना सर्वश्रेष्ठ दो और यह काफी नहीं हो सकता कि तुम दुनिया को सर्वश्रेष्ठ दो, तुम्हें वैसा ही मिल जायेगा।

अपने अंतिम विश्लेषण में देखो, यह तुम्हारे और खुदा के बीच है, यह तुम्हारे बीच वैसे नहीं था।

प्यार की लड़ाई–यदि तुम लोगों का न्याय करोगे, तब तुम्हारे पास उनसे प्रेम करने का समय नहीं होगा।

यदि हम वास्तव में प्रेम करना चाहते हैं तो हमें क्षमा करना सीखना होगा। कल चला गया। कल अभी नहीं आया है। हमारे पास सिर्फ आज है। चलो हर समय किसी के लिए मुस्कुरायें, यह प्रेम की कार्रवाई है, यह एक व्यक्ति के लिए उपहार है।

दयालु शब्द आसान और बोलने में छोटे होते हैं, मगर उनकी मुस्कान वास्तव में आखिरी है। चलो, एक दूसरे से मुस्कराकर मिलें, मुस्कान प्रेम की शुरूआत है।

परिवार–एक दूसरे के लिए मुस्कुराओं, अपनी पत्नी अपने पति पर मुस्कुराए। एक दूसरे पर, इससे कोई फर्क नहीं पड़ता कि कौन है; और एक-दूसरे से अधिक प्रेम के साथ मिलो।

आज हर कोई इतनी भयानक भीड़ के बीच लगता है, अधिक से अधिक घटनाओं को जानने के लिए उत्सुक है। इसलिए बच्चों के लिए माता-पिता के पास काफी कम समय होता है और घर से ही शांति की दुनिया का विघटन होता है।

प्रेम घर से शुरू होता है, और यह नहीं कि हम कितना करते हैं, मगर हम कार्य से कितना प्रेम करते हैं।

लोगों को दूर से प्रेम करना आसान है। लेकिन हमेशा उनके करीब रहकर उन्हें प्रेम करना आसान नहीं है। एक कप चावल देना आसान है, उनका अकेलापन दूर करना नहीं, शायद कोई अप्रिय हमारे घर में हो। अपने घर से प्यार देना शुरू करो। हमें ऐसा करना चाहिए।

यहां पर प्रेम की भयानक भूख है। हम सब अनुभव करते हैं कि हमारे जीवन में अकेलापन है। हमारे अन्दर इसे पहचानने का साहस होना चाहिए। तुम्हारे परिवार में ही कोई गरीब हो सकता है।

उसे खोजो।

प्रेम करो।

प्यार–प्यार हर मौसम में उगने वाला है। वह हर हाथ की पहुंच के भीतर है।

अच्छा कार्य करना प्रेम की एक शृंखला है।

यदि हम प्रेम का संदेश सुनना चाहते हैं, तो हमें बाहर भेजा जाए। हमें एक दीप जलाकर इसमें तेल डाले रखना है।

गहन प्रेम का पैमाना नहीं है, यह सिर्फ देता है।

यदि हमारे पास शांति नहीं है, क्योंकि हम भूल गए हैं कि हम एक-दूसरे के हैं। मुझे पक्का पता नहीं कि स्वर्ग कैसा होगा, मगर मुझे नहीं पता जब खुदा के पास न्याय के लिए जाने का समय होगा, वह हमसे नहीं पूछेगा, तुमने अपने जीवन में कितने अच्छे कार्य किये। बल्कि वह पूछेगा तुम्हारे अन्दर कितना प्रेम है और तुमने क्या किया।

हम अधिक से अधिक प्रेम को बढ़ाये, दया करने और शांति पर जोर दें। पैसा आ जायेगा, यदि हम परमेश्वर के राज्य में जायें, तब आराम लेने दिया जायेगा।

पैसा तो सिर्फ पैसा है। हमें इसे बस देने से संतुष्ट नहीं होना चाहिए। पैसा मिल सकता है। लेकिन उन्हें हमारे प्रेम की जरूरत है। तो जाओ, तुम अपने प्रेम को हर जगह फैलाओ।

दुनिया में बहुत दुख है–शारीरिक, भौतिक, मानसिक। हम अपनी पीड़ा का दोषी दूसरों को ठहराते हैं। वे लोग शारीरिक पीड़ा और भूख तथा बेघर और दूसरी सभी बीमारियों से पीड़ित हैं। लेकिन सबसे बड़ा दुख अकेलापन, अप्रिय महसूस करना है। मैं यहां पर अधिक से अधिक अप्रिय बीमारी को दूर करने आया हूं।

खुशी प्रेम का जल है, जिसमें आत्मा को कैद किया जाता है।

मैंने विरोधाभास को तलाश कर लिया, मैं उसे तब तक प्रेम करूंगा, जब वह दुखी है, जब वहां दुख प्रेम होगा।

यह मत सोचो कि प्रेम वास्तविक हो, वह असाधारण हो या नहीं, हम क्या हैं बिना प्रेम के।

यह काफी नहीं कि हम क्या करते हैं, मगर हमारे कार्य में कितना प्रेम है! यह नहीं कि हम कितना लेते हैं, लेकिन यह कि कितना प्रेम हमने देने में डाल दिया।

माता का अनुभव–मैं एक छोटी-सी पेंसिल हूं, जो भगवान के हाथ में है, जो दुनिया को एक प्रेम-पत्र भेज रहा है। मैं उसकी सफलता की प्रार्थना नहीं करती। मुझे उसकी सच्चाई के लिए पूछना है।

एक बार मैंने एक औरत को कचरे के डब्बे से उठाया था जो कि बुखार में जल रही थी। वह पिछले दिनों से सिर्फ एक ही विलाप कर रही थी। मेरे बेटे ने मेरे साथ ऐसा किया।" मैंने उससे विनती की –"तुम अपने पुत्र को माफ कर दो।"

पागलपन के एक पल में, जब वह अपने आप में नहीं थी, उसे एक बात का ही पछतावा था। एक मां के नाते उसे माफ कर दो। यह एक लम्बा समय था। बस तभी वह मेरी बांहों में मर गयी। वह माफ करने की सामर्थ्य में थी। उसे पता नहीं था कि वह मर जाएगी। उसका दिल टूट गया था, क्योंकि उसका बेटा उसे नहीं चाहता था। यह बात और आप मैं समझ सकते हैं।

"यदि आप हतोत्साहित हो रहे हैं तो यह गर्व की बात है, क्योंकि यह अपनी शक्तियों को सच्चाई से दिखाता है। कभी दूसरे लोगों की राय सुनकर परेशान मत हो। विनम्र बनो। तब तुम्हें कभी परेशानी नहीं होगी। याद रखो, सेंट एलॉयसिस ने कहा था, वह जानता था कि वह मरने के समय भी बिलियर्ड खेलना जारी रहेगा। क्या तुम अच्छा खेलते हो? अच्छा सोते हो? अच्छा खाते हो? यह सभी भगवान के लिए छोटा है।"

"मैं जानता हूं भगवान मुझे कुछ नहीं देगा, मैं नहीं संभाल सकूंगा। मैं बस यह चाहता हूं कि वह मुझ पर भरोसा रखें।

एक बार एक बहु-राष्ट्रीय कम्पनी का अध्यक्ष मुझसे मिलने आया था। उसने मुझे बम्बई में सम्पत्ति प्रदान करने का प्रस्ताव रखा, पहले उसने पूछा- "मां, आप अपना बजट कैसे संभालती हैं।" मैंने उससे पूछा कि उसे किसने यहां भेजा है। उसने उत्तर दिया–"मैं अपने अन्दर एक आग महसूस करता हूं।" मैंने कहा–"दूसरे लोगों की तरह तुम भी मुझे देखने और वही बात कहने आये हो। यह स्पष्ट है तुम्हें भगवान ने भेजा है। इसी तरह दूसरे लोग हमें हमारे कार्य के लिए समान भेजते हैं, जिसकी हमें आवश्यकता होती है। सब भगवान की कृपा है। तुम्हें क्या हो गया? तुम मेरे बजट हो। भगवान हमारी जरूरतों को देखता है। यीशू ने वादा किया था। मैंने वह सम्पत्ति स्वीकार कर ली और उसका नाम आशा दान रखा।

मैंने गरीबी को अपने गरीब लोगों के लिए चुना। मगर मैं आभारी हूं। उसके नाम पर प्राप्त नोबेल की उन सभी लोगों के लिए जो बेघर, अपंग, अंधे, कोढ़ी हैं। जो समाज के लिए बोझ बन गये हैं, जिन्हें हर किसी ने त्याग दिया है।

यीशू–यहां पर बहुत सारे धर्म हैं और सबका भगवान को मानने का अलग-अलग तरीका है।

यीशू मेरा खुदा है।
यीशू मेरे पति हैं।
यीशू मेरी जिंदगी है।

यीशू सिर्फ मेरा प्रेम है।

यीशू मेरे सभी में सब है।

यीशू मेरा सब कुछ है।

यीशू ने कहा एक दूसरे से प्रेम करो। उसने यह नहीं कहा कि सारी दुनिया से प्रेम करो।

"दूसरे दिन मैंने सपना देखा कि मैं स्वर्ग के दरवाजे पर खड़ी हुई थी। सेंट पीटर ने कहा–"पृथ्वी पर वापस जाओ। यहां पर कोई झुग्गी बस्ती नहीं है।"

यीशू की तरह दुनिया में हमें खुद से नहीं, दूसरों से प्रेम करना होगा। यीशू हमारी शक्ति है।

युद्ध पर–मैं पहले कभी युद्ध में नहीं गया। लेकिन मैंने अकाल और मौत देखी है। मैं खुद से पूछ रही थी–"वे कैसा महसूस करते हैं जब वे ऐसा करते हैं। मेरी समझ में नहीं आता। वे सभी भगवान के बच्चे हैं। वे क्यों ऐसा करते हैं? मेरी समझ में नहीं आता।

कृपया शांति का मार्ग चुनो। अल्पावधि में वहां विजेताओं और इस युद्ध में हारे हुए हैं, हम सभी मर चुके हैं। लेकिन वे कभी ऐसा नहीं कर सकते। वे ही उनके जीवन के दर्द तुम्हारे हथियार इसका कारण हैं।

गरीबी–तुम्हारे पास अधिक है, और तुम अधिक प्राप्त कर रहे हो, और तुम कम दे रहे हो।

यह गरीबी ही है जो बच्चे को ये फैसला करने पर मजबूर करती है कि एक बच्चे को तो मरना होगा। इसलिए तुम ऐसे जिओ जैसी तुम्हारी इच्छा हो। उनमें से हर एक को छिपाने में यीशू है।

मदर टेरेसा की दान की मिशनरीज

वे लोग जो कहते हैं कि वे मेरे साहस की प्रशंसा करते हैं, मुझे उन्हें बताना है कि मैं कुछ भी नही हूं, यदि मैं हर बार आश्वस्त नहीं होती। मैं एक रोगी के शरीर के स्पर्श, उसके शरीर से उठती बदबू के साथ, मैंने वही स्पर्श मसीह में इयुकेरिट में महसूस किया।

सिस्टर निर्मला

सिस्टर निर्मला ने मार्च, 1997 में मिशनरीज ऑफ चैरिटी की नेता के रूप में स्थान प्राप्त किया। मदर टेरेसा के नक्शे-कदम पर चलकर ही वह निडर बनीं।

उन्होंने मुझे खुद अपने पैरों पर चलना है। जो कुछ भी हम कर रहे हैं, वह उसी रूप में जारी रहेगा।

सिस्टर निर्मला एक हिन्दू थीं, 24 वर्ष की आयु में ही वह मदर टेरेसा की गरीबों की सेवा से बहुत प्रभावित हुईं। फिर वह कैथोलिक धर्म में परिवर्तित हो गयीं। उन्होंने धर्म के अनुसार अपना नाम बदल दिया। हिन्दी शब्द में उनके नाक का अर्थ था 'मस्तिष्क और आत्मा की शुद्धता'।

सिस्टर निर्मला ने भारतीय विश्वविद्यालय से राजनीति विज्ञान में मास्टर की डिग्री प्राप्त की है और वकील के रूप में अतिरिक्त प्रशिक्षण भी प्राप्त किया है। मदर टेरेसा के चुने जाने से पहले वह पनामा, यूरोप और वाशिंगटन डी. सी. में हैड रह चुकी थीं।

आदेश की शाखाएं

चैरिटी मिशनरीज गरीब से गरीब लोगों तक पहुंचकर ऐसे व्यक्ति जो बेसहारा मर रहा हो, उनके घावों को धोती और उन लोगों की सहायता करने के लिए सदैव तैयार रहतीं। वह यह सब उदार हृदय के साथ करती हैं। यह आदेश आठ शाखाओं से बना है–

1. सक्रिय बहनें
2. मननशील बहनें
3. सक्रिय भाई
4. मननशील भाई
5. मिशनरी पिता
6. उद्‌देश्य मिशनरी
7. स्वयंसेवक
8. बीमार और दुख सहने वाले सह-श्रमिक

ये हजारों नन, भाई और स्वयंसेवक दुनिया के चारों ओर फैले मिशनरीज ऑफ चैरिटी में कार्य करते हैं।

सक्रिय और मननशील बहनें

सक्रिय और मननशील बहनों के लिए कई वर्षों तक प्रशिक्षण की आवश्यकता है। यह प्रशिक्षण निम्न रूप में है–

Aspirancy – 6 महीने

Postalancy	–	1 साल तक
Novitiate	–	2 साल। पहले इस प्रतिज्ञा के बाद लिया है।
Juniorate	–	5 साल। प्रतिज्ञा हर साल नए सिरे से कर रहे हैं।
Totiarship	–	6 वर्ष के व्रत के बाद जो अंतिम शपथ ले रहे हैं।

Novitiate प्रशिक्षण कलकत्ता, रोम, मनीला, नैरोबी, सेन फ्रांसिस्को और पौलेण्ड में ट्रेनिंग लेता है।

सक्रिय बहनें अपना दिल गरीब लोगों की सेवा करने में बिताती हैं। मननशील बहनें अधिकतर दिन में दो घण्टे प्रार्थना करती हैं, जब वे भी गरीब समुदाय की सेवा में हों। अपने क्षेत्रीय वरिष्ठ अधिकारियों या कभी-कभी बहन निर्मला को सीधे वह अपनी रिपोर्ट देती हैं।

एक बहन के जीवन का एक खास दिनः

4:30	–	उठना
5.00	–	सुबह प्रार्थना करना
6.00	–	ध्यान करना
7:00	–	नहाना
7:30	–	नाश्ता करना
8:00	–	सफाई करना
9:00	–	मिशनरी का काम करना
12:00	–	प्रार्थना करना
12:30	–	दोपहर का खाना
1:30	–	आराम करना
2:00	–	चाय पीना
2:30	–	मिशनरी का काम करना
5:30	–	आराधना करना
7:00	–	लॉन्ड्री
7:30	–	खाना
8:00	–	मनोरंजन
9:30	–	रिटायर
3:5	–	सक्रिय और मननशील भाई और मिशनरी पिता

मिशनरीज ऑफ चैरिटी के भाई और पिता अलग सभाओं को साझा कर रहे हैं, मगर वह सभी एक ही आत्मा और मुफ्त सेवा का व्रत लेकर गरीब लोगों की सेवा

करते हैं। भाई जनरल नौकर को अपनी रिपोर्ट देते हैं या अपनी रिपोर्ट क्षेत्रीय वरिष्ठ अधिकारियों को, पिता अपनी रिपोर्ट सुपीरियर जनरल को देता है।

मिशनरीज ऑफ चैरिटी के भाई 3 से 6 महीने तक स्थायी अवधि पर प्रशिक्षण प्राप्त करते हैं। उसके बाद 2 साल का Novitiate है। वहां भाइयों के लिए कोई बाध्यकारी प्रार्थना अवधि नहीं है। भाई और अधिक सक्रिय हैं, बहनों के समान कार्य कर रहे हैं। मननशील पिता अधिक प्रार्थना कर रहे हैं।

18

मूल्यांकन

'वृक्ष के फलों का उपभोग मनुष्य अथवा अन्य प्राणी करते हैं, नदियाँ स्वयं अपना जल नहीं पीतीं और खेतों को लहलहाने वाले मेघ स्वयं उस अन्न का उपभोग नहीं करते, क्योंकि सज्जनों का अस्तित्व ही परोपकार के लिए होता है।'

ये पंक्तियाँ ममता की मूर्ति माँ टेरेसा के जीवन पर अक्षरशः चरितार्थ होती हैं। उनका जीवन दुःखियों, दरिद्रों, भूखों, पीड़ितों रोगियों विकलांगों की सेवा का पर्याय बन गया था।

अपने लिए कौन जीवित नहीं रहता, मानव हो या पशु-पक्षी, अपना उदर पोषण तो सभी करते हैं, किन्तु इसे न तो कोई उपलब्धि कहा जा सकता है और न ही जीवन की सार्थकता।

आज एक ओर अनन्त का भी अन्त पाने के प्रयास हो रहे हैं, वैज्ञानिक आविष्कारों ने मानव-जीवन की सुख-सुविधाओं के लिए अनेक असम्भव प्रतीत होने वाले कार्यों को सम्भव कर दिखाया है, वहीं हम मानव समाज की मूलभूत आवश्यकताओं की उपेक्षा जैसी कर रहे हैं। वैज्ञानिक आविष्कारों पर, अनेकानेक विध्वंसात्मक आविष्कारों पर, चांद-सितारों तक पहुंचने के लिए विश्व के अनेक राष्ट्र करोड़ों-अरबों की धनराशि व्यय कर रहे हैं, किन्तु समाज के उपेक्षितों दुःखियों, पीड़ितों पर प्रायः नहीं के बराबर ही ध्यान दिया जाता है।

बस इसी ज्वलन्त समस्या को पहचाना था, ममतामयी माँ टेरेसा ने। यही उनकी विशिष्टता थी, यही उनकी महानता थी। दुःखियों, उपेक्षितों पीड़ितों की सेवा ही उनके जीवन का लक्ष्य था, जिसे वह प्रभु की सेवा मानती थीं, यीशु के आदर्शों का सच्चा अनुसरण-अनुकरण मानती थीं।

अपने लक्ष्य पर न तो उन्हें कोई गर्व था, न अभिमान वह इसे अत्यन्त सहज-सामान्य भाव से लेती थीं। वस्तुतः उनकी यह सहजता और सामान्यता ही उनकी महानता थी, उनकी विशेषता थी, लोकोत्तरता थी। उनकी इसी विशिष्टता के कारण विश्व उनके समक्ष श्रद्धा से नत हो जाता था, इसीलिए वह माँ थीं, ममता की, प्रेम की, स्नेह की मूर्ति थीं।

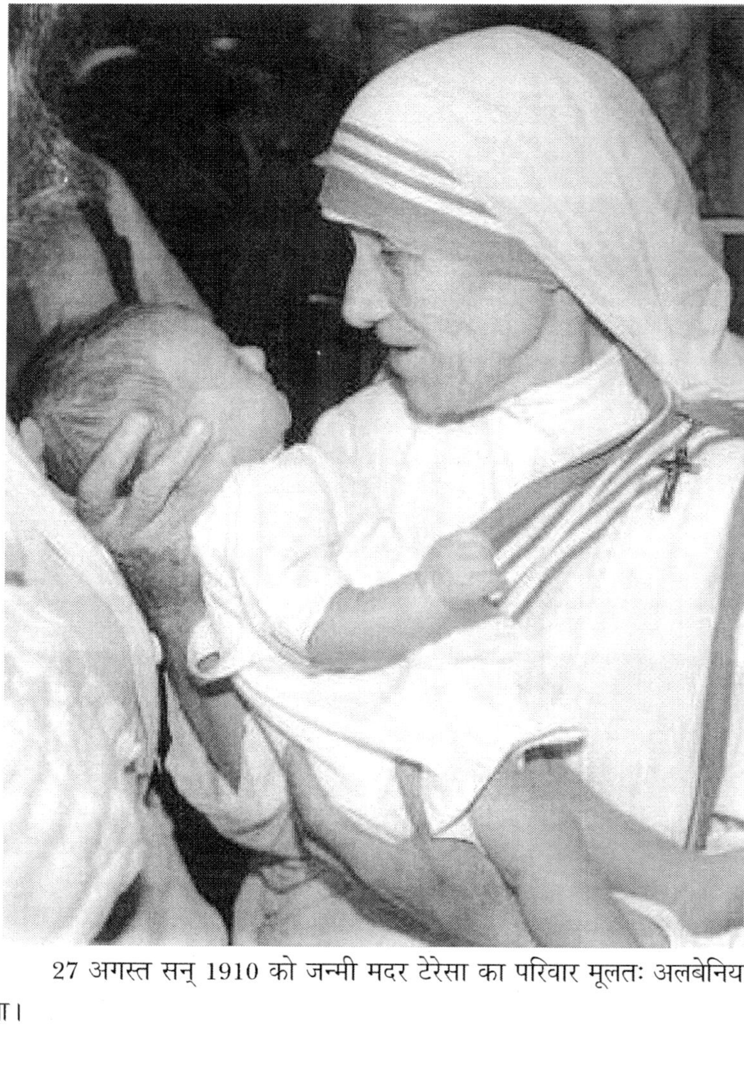

27 अगस्त सन् 1910 को जन्मी मदर टेरेसा का परिवार मूलतः अलबेनियन था।

इनके जन्म के समय कदाचित् न तो आकाश में कोई सितारा चमका, न वहाँ से कोई देवदूत ही धरा पर उतरा और न ही किसी भविष्यवक्ता ने भविष्यवाणी की कि एक दिन यह बालिका अपने शुभ कर्मों के आलोक से मानवता को एक नया मार्ग दिखाएगी।

यह भी एक अद्‌भुत संयोग है कि माँ टेरेसा के आविर्भाव तथा सेवा-भाव की मूर्त रूप फ्लोरेंस नाइटिंगेल के धरा से तिरोभाव का वर्ष एक ही है।

माँ टेरेसा की जन्मभूमि भले ही यूगोस्लाविया रही हो, किन्तु महापुरुषों का जीवन किसी स्थान विशेष की थाती नहीं होता, वे सम्पूर्ण मानवता के पथ-प्रदर्शक होते हैं, उनका व्यक्तित्व सार्वजनिक और सार्वभौमिक सम्पत्ति बन जाता है। 'वसुधैव कुटुम्बकम्' अथवा 'सबै भूमि गोपाल की या में अटक कहाँ' जैसी उक्तियाँ ऐसी ही महनीय विभूतियों की महिमा को इंगित करती हैं।

अग्नेस अपने माता-पिता की चार सन्तानों दो भाइयों तथा दो बहनों में से एक थीं।

अपनी अन्य सन्तानों के समान ही उनके माता-पिता ने उन्हें भी प्रारम्भिक शिक्षा के लिए स्थानीय सरकारी स्कूल में भेजा। बालिका अग्नेस स्कूल जाने लगी।

परिस्थितियाँ, संयोग, घटनाचक्र मानव-जीवन में विचित्र खेल खेलते हैं, इसीलिए कुछ लोग समय को बलवान कहते हैं। वास्तव में यह सत्य भी है, इस अर्थ में सत्य नहीं कि समय कोई मूर्त वस्तु है, अपितु इस अर्थ में कि समय ही इतिहास का निर्माण करता है। समय बीतने पर एक शिशु किशोर, किशोर युवा, युवा प्रौढ़ और प्रौढ़ वृद्ध हो जाता है। यही नहीं कभी-कभी समय-समय पर घटी घटनाएँ मानव जीवन में एक महान परिवर्तन भी कर देती हैं, मानव की चिन्तनधारा, उसके जीवन-दर्शन को भी बदल देती हैं।

सन् 1914 ई. में यूरोप में महाविनाशक प्रथम महायुद्ध आरम्भ हुआ, जिसने वहाँ के जनजीवन को उद्वेलित कर रख दिया। टेरेसा के बाल मन पर भी इस घटना का गहरा प्रभाव पड़ा।

इस युद्ध की विभीषिका इतिहास का एक दारुण-दुःख अध्याय तो है ही, युद्ध की विभीषिका अभी थमी न थी बालिका अग्नेस को एक भयंकर आघात का सामना करना पड़ा, अभी वह केवल सात वर्ष की अबोध बालिका ही थीं कि उनके पिता परलोक सिधार गये।

मृत्यु सृष्टि का एक अपरिहार्य नियम है, सभी को काल के अविराम गति से घूमते हुए चक्र के मृत्यु रूपी बिन्दु का सामना करना पड़ता है। जन्म जीवन का प्रारम्भ है, मृत्यु उसका अन्त। जन्म और मृत्यु के बीच की अवधि ही जीवन है।

एक ओर महायुद्ध की विभीषिका से उत्पन्न मानवजीवन की अस्थिरता तथा अनिश्चितता दूसरी ओर पिता की मृत्यु, निश्चय ही इसका माँ के उस बाल मानस पर गहरा प्रभाव पड़ा होगा।

समय का चक्र चलता रहा, इसके साथ ही अग्नेस बालिका से किशोरी और किशोरी से युवती बन गयीं, सम्भवतः उस समय किसी ने कल्पना भी न की होगी कि एक दिन वह विश्व का एक सर्वाधिक श्रद्धास्पद व्यक्तित्व बनेंगी, सर्वाधिक लोकप्रिय और दीन-दुःखियों की उद्धारक बनेंगी।

भविष्य अचिन्तनीय, अकल्पनीय अदृश्य तथा अज्ञात होता है।

अपने स्कूली जीवन में ही 'सोडालिटी' से उनका सम्पर्क हुआ। वह इस संस्था की सदस्या बन गयीं। यहीं से उनके जीवन को एक नयी दिशा मिली, उनके विचारों को चिन्तन का एक नया आयाम मिला। अन्ततः इस नयी दिशा ने, इस नये चिन्तन ने ममता की मूर्ति माँ टेरेसा का निर्माण किया।

शैशव बीता, किशोरावस्था भी बीत गयी।

घर में सभी प्रकार का सुख था। अभाव या दुःख जैसी कोई चीज न थी, किन्तु अग्नेस को तो माँ बनना था, अनेक निराश्रितों, दुःखियों उपेक्षितों की माँ, विश्व की माँ, विश्वजननी बनना था।

विश्वजननी भला किसी एक की जननी कैसे बन सकती थीं! वह कितनी सन्तानों की माँ थीं, इस विषय में निश्चित रूप से कुछ नहीं कहा जा सकता।

उनकी कितनी ही सन्तानें नया जीवन पाकर सुखों का भोग कर रही हैं, कितनी ही सन्तानें उच्च शिक्षा प्राप्त कर चुकी हैं, भारत में ही नहीं विदेशों में भी।

जिनके जन्म देनेवालों का कोई पता तक नहीं, ऐसे कितने ही व्यक्ति माँ की ममता का सम्बल पाकर नये जीवन में प्रवेश कर चुके हैं कितनी ही अबलाएँ अपनी गृहस्थी बसा चुकी हैं।

कितने ही परित्यक्त शिशु माँ की ममता पाकर शैशव का सुख भोग रहे हैं, किलकारियाँ मार रहे हैं।

कितने ही विकलांग, मूक-बधिर माँ के शिशु-सदनों में सामान्य जीवन जी रहे हैं। शिशु भवनों की बहनों से उन्हें जो स्नेह-ममता मिलती है, उसमें उन्हें यह आभास

भी नहीं होता कि वे अनाथ हैं लेकिन आज जब माँ हमारे बीच नहीं हैं, वे स्वयं को अनाथ महसूस कर रहे हैं।

माँ का विद्यार्थी जीवन ही चल रहा था, उसी समय यूगोस्लाविया के कुछ जेसुइट ईसाई धर्म प्रचारकों ने कलकत्ता में कार्य करना समीचीन समझा। उन्हें इसकी अनुमति प्राप्त हो गयी।

जेसुइट्स का पहला दल 30 दिसम्बर 1925 को कलकत्ता पहुँचा। यहाँ ये जेसुइट अपने कार्य को आगे बढ़ाने में जुट गये। इन्हीं में से एक व्यक्ति कर्सियांग गया।

कर्सियांग के जेसुइट ने यहां के कार्य के विषय में अपनी जन्मभूमि को अनेक पत्र लिखे। इन पत्रों में मिशन के कार्यक्षेत्र की प्रशंसा की गयी थी तथा इन पत्रों में बंगाल में कार्यरत जेसुइट प्रचारकों के कार्य का उत्साहजनक वर्णन किया जाता था।

कर्सियांग से भेजे गये ये पत्र माँ टेरेसा के स्कूल में सोडालिटी के सदस्यों को पढ़ाये जाते थे।

प्रायः बारह-तेरह वर्ष की अवस्था में ही माँ को ये पत्र पढ़ने-सुनने को मिले।

कहाँ कर्सियांग, कहाँ यूगोस्लाविया, किन्तु एग्नेस को तो माँ टेरेसा बनना था। इन पत्रों का उन पर ऐसा प्रभाव हुआ कि हजारों मील की दूरी किसी प्रकार की बाधा नहीं बन सकी। उन्हें भारत के लिए एक अदृश्य आकर्षण का अनुभव हुआ। इन पत्रों को पढ़कर उनके मानस में भारत का बिम्ब स्वतः उभरने लगा।

उन्होंने भारत आने का निश्चय कर लिया। इतनी अल्प अवस्था का यह निश्चय अवस्था के अनुसार अपरिपक्व या अस्थायी सिद्ध नहीं हुआ।

किशोरावस्था और भविष्य का दृढ़ निश्चय कहने और सुनने में यह भले ही असम्भव जैसा लगे, किन्तु माँ के दृढ़ निश्चय ने इसे सत्य सिद्ध कर दिखाया।

कहाँ एक अबोध, बालिका, कहाँ ऐसा दृढ़ निश्चय! घर में उन्हें कोई अभाव न था फिर भी अपने भाई-बहन माँ-परिवार सब कुछ छोड़कर उन्होंने भारत आने का निश्चय कर लिया। कहाँ यूगोस्लाविया, कहाँ भारत का पूर्वी प्रान्त बंगाल!

आखिर इसके पीछे क्या कारण था? इस भूमि ने उन्हें क्यों आकर्षित किया?

इसका उत्तर माँ के अनुसार, ईश्वर की ही प्रेरणा थी। माँ के इस मत में सन्देह के लिए कोई स्थान नहीं रह जाता क्योंकि कर्सियांग के जेसुइट सदस्यों के पत्र तो सभी को पढ़ाये जाते थे, फिर यह प्रेरणा केवल माँ को ही क्यों मिली?

महाकवि कालिदास ने लिखा है-'सभी प्रकार से सुखी होने पर भी यदि मनुष्य रमणीय दृश्यों को देखकर तथा मधुर शब्दों को सुनकर उत्सुक हो जाता है तो अवश्य ही उसका चित्त किसी पूर्व सम्बन्ध के कारण ही उत्सुक होता है।'

तो क्या माँ टेरेसा का इस भूमि से कोई पूर्वजन्म का सम्बन्ध रहा होगा? अन्यथा वह सब कुछ छोड़कर इस संन्यासी जीवन का वरण क्यों करतीं?

उनके घर के विषय में पूछे जाने पर माँ का यही उत्तर होता था कि उनका घर तो सुख की सेज था, छात्र जीवन में ही उन्हें इस ईश्वरीय प्रेरणा का अनुभव होने लगा था। इस प्रेरणा से वह संन्यासिनी बनने का विचार करने लगी थीं, तब उन्हें घर के त्याग की कल्पना सहसा विचलित भी कर देती थी, किन्तु अन्तःप्रेरणा पुनः. ...पुनः उन्हें प्रेरित करती रहती।

इस प्रेरणा ने अन्ततः उनके इस द्वन्द्व पर विजय पा ली। उन्होंने निश्चय कर लिया कि उन्हें जाना होगा। महानतम उद्देश्य के लिए, मानवता को नया मार्ग दिखाने के लिए, ममता का आलोक विकीर्ण करने के लिए जाना होगा।

क्षुद्र स्वार्थोंय, निजी सुख-सुविधाओं, व्यक्तिगत जीवन के ऐश्वर्यों का बलिदान करना ही होगा।

समष्टि के लिए व्यष्टि के सुख छोड़ने ही होंगे, मैं वही हूँ, सब मेरा ही स्वरूप है, सब ईश्वर का ही रूप है, फिर मैं इससे पृथक हूँ ही कहाँ?

दरिद्रनारायण की सेवा ही ईश्वर की सेवा है, प्रभु ईसा के आदेशों का सच्चा अनुकरण है।

संशयों का अन्त हो गया, दृढ़ संकल्पशक्ति के समक्ष संशय, द्वन्द्व विलीन हो गये।

माँ ने इन सुखों को तिलांजलि देने का संकल्प ले लिया, जिनके पीछे संसार भागता है।

मैं केवल मैं नहीं हूँ। यह समस्त मेरा ही विराट् स्वरूप है। दीन-दुःखियों के दुःख मेरे दुःख हैं, सम्भवतः माँ इसी निश्चय पर पहुँच गयी थीं।

किशोरावस्था पार करने के बाद माँ ने संन्यासिनी बनने का संकल्प ले लिया था।

वह कलकत्ता आने की इच्छा कर रही थीं। अपनी इस इच्छा को उन्होंने सम्बन्धित मिशनरीज के समक्ष रखा।

उनका संकल्प विजयी हुआ।

वास्तव में दृढ़ संकल्प-शक्ति होनी चाहिए। इसके सामने दुनिया की कोई बाधा नहीं ठहर सकती, किन्तु जन-सामान्य में इस संकल्पशक्ति का अभाव होता है। यही कारण है कि जन-सामान्य अपने लक्ष्य को प्राप्त करने में असफल रहता है।

उनकी इस संकल्प-शक्ति ने उन्हें अग्नेस गोनाक्सा बेजाक्सिउ से मदर टेरेसा बना दिया।

मदर टेरेसा, अर्थात् ममता का मूर्त रूप, स्नेह की मूर्ति माँ टेरेसा।

विश्व को मानवता का एक अभूतपूर्व मार्ग दिखाने वाली माँ टेरेसा।

जन्मदात्री न होने पर भी विश्वजननी ममतामयी माँ। करुणा की मूर्ति माँ टेरेसा दरिद्रनारायण की सेवा में रत। प्रभु यीशु की सच्ची अनुगामिनी। उनकी शिक्षाओं का मूर्त रूप।

उनका परवर्ती जीवन व्यक्तिगत जीवन न रहकर सार्वजनिक हो गया। दुःखियों की सेवा ही उनके सुखों का उत्स बन गया।

उन्होंने सिद्धान्त पक्ष को, जनसामान्य के लिए केवल आदर्श समझे जाने वाले कार्य को क्रियात्मक रूप में परिणत कर दिखाया।

माँ और भारत

माँ आत्मश्लाघा से सदा दूर रहना चाहती थीं। प्राचीन भारतीय मनीषियों में स्वजीवन चरित लेखन की परम्परा आदि काल से ही नहीं रही है।

क्या हुआ जो माँ जन्मना भारतीय नहीं भी थीं तो! कर्म से, विचारों से, रहन-सहन आदि से तो वह सवर्था भारतीय थीं। उनका पहनावा नीले किनारे की धोती, भूमि पर बैठना सभी कुछ तो भारतीय था।

वह अपने अतीत का न तो कहीं उल्लेख करती थीं, न माँ यह चाहती थीं कि उनकी जीवनी उनके जीवनकाल में लिखी जाए, क्योंकि प्रभु यीशु की जीवनी उनके जीवनकाल में नहीं लिखी गयी थी।

अनेक विषय में कहीं कुछ उल्लेख न करने के कारण आज हम अपने देश के अनेक मनीषियों के विषय में कुछ भी नहीं जानते, केवल उनके महनीय कार्यों अथवा उनकी रचनाओं से ही यह पता चलता है कि इस नाम की कोई विभूति इस धरा पर हुई थी।

आज परिस्थितियाँ बदल गयी हैं, विश्व एक इकाई बन गया है, अतः किसी विभूति का कालान्तर में विस्मृति के गर्त में खो जाना सम्भव न हो सकेगा।

यह सब जानकर ही माँ अपनी जीवनी अपने जीवन में लिखने के विरुद्ध थीं, क्या उनका यह गुण प्राचीन मनीषियों की परम्परा नहीं थी?

इसीलिए माँ किसी भारतीय के मिलने पर कहती थीं, ''आप जन्म से भारतीय हैं, इसे एक संयोग ही कहा जाएगा, किन्तु मैं स्वयं भारतीय बनी हूँ।''

वस्तुतः भारतीय के रूप में जन्म लेना एक संयोग है। इसका श्रेय भारतीयों को नहीं दिया जा सकता, किन्तु माँ स्वयं भारतीय बनी थीं, अतः इसका श्रेय उन्हें मिलना ही चाहिए।

इस प्रसंग में हमें महाभारत के अप्रतिम महारथी कर्ण का स्मरण हो आता है। बेचारा कर्ण, अविवाहित माँ की सन्तान कर्ण, जिसे लोकलाज के भय से माँ नदी की गोद में विसर्जित कर देती है। संयोग से वह सूत को मिल जाता है। सन्तानहीन सूत ही उसका पालन-पोषण करता है। हीरा तो हीरा ही रहता है, चाहे वह जौहरी के पास रहे अथवा धूल में पड़ा हो। वह स्वयं कह देता है कि वह हीरा है।

परिस्थितियाँ कर्ण का साथ देती हैं, दुर्योधन उसे राजा बना देता है, यह बाद की बात है, किन्तु रूढ़ियों में जकड़ा भारतीय उसकी योग्यता को न देख कर उसके कुल, गोत्र आदि को देखता है। उसे राजकुमारों के साथ किसी भी प्रतियोगिता में भाग लेने के सर्वथा अयोग्य समझा जाता है। तब कर्ण कह उठता है–

"मैं सूत हूँ, सूतपुत्र हूँ या जो कोई भी हूँ, इसमें मेरा क्या दोष? किसी भी कुल में जन्म लेना दैवाधीन है, जबकि पौरुष का परिचय देना मेरे अपने वश में हैं।"

कर्ण कहता है कि किसी भी खानदान में जन्म लेना मेरे वश में नहीं है, हाँ, वीरता का परिचय देना मेरे वश में है। नीच कुल में जन्म लेना मेरी अयोग्यता का

परिचायक कैसे हो सकता है, क्योंकि यह मेरे वश में नहीं है, जो मेरे वश में है, उसकी बात करो।

माँ टेरेसा का कथन था, ''मेरा जन्म भारत में नहीं हुआ, किन्तु मैं स्वयं भारतीय बन गयी हूँ।''

इन दोनों में किसे महान कहा जाएगा, निश्चय ही जो अपने कर्मों से भारतीय बना हो।

परम्परागत रूप में सम्पन्नता प्राप्त होने पर यदि कोई उन्नति कर भी ले, तो इसमें उसे अधिक श्रेय नहीं दिया जा सकता, किन्तु जो स्वयं अपने बलबूते पर उन्नति करे, वह निश्चय ही महान है।

यदि हम धार्मिक दुराग्रहों से मुक्त होकर विचार करें, तो कर्ण सभी पाण्डवों से कहीं अधिक महान प्रतीत होता है। माँ टेरेसा तो सभी जन्मजात भारतीयों से महान थीं ही। इसे भी एक विचित्र संयोग ही कहा जाएगा कि माँ टेरेसा कितने ही मातृ-परित्यक्त कर्णों की माँ थीं। उनके ममतामय हाथों का, उनके वात्सल्य का सम्बल प्राप्त कर कितने ही कर्णों को एक नया जीवन मिला।

19

जीवन के प्रमुख बिन्दु : एक नजर में

मदर टेरेसा का पूरा जीवन दीन-दुखियों की सेवा में बीता। उनके जीवन की कुछ महत्वपूर्ण बिन्दुओं को जानना जरूरी है। अतः उनके जीवन की कुछ प्रमुख घटनाओं को संक्षेप में निम्न प्रकार स्पष्ट किया गया है–

- **26 अगस्त 1910 :** मदर टेरेसा का जन्म कसोवा की राजधानी स्कोप्ज (शकुप) में हुआ था।
- **27 अगस्त 1910 :** ईसाई रीति रिवाज के मुताबिक उनका नाम एग्नेस गोन्सा बाजोक्शू रखा गया।
- **सन् 1919 :** उनके पिता निकोला की बीमारी के कारण मृत्यु हो गयी, जिसके कारण उनके परिवार को गरीबी और बहुत सी मुश्किलों का सामना करना पड़ा।
- **सन् 1932 :** मानव सेवा करने की प्रेरणा मिली।
- **सन् 1927 :** भारत में आगमन।
- **1928 :** शिक्षण कार्य आरम्भ किया और संन्यासिनी।
- **1929 :** कोलकाता के सेंट मेरी स्कूल की अध्यापिका बनीं।
- **सन् 1946 :** दीन-दुखियों की सेवा करने के लिये ईसा मसीह से प्रेरित हुई।
- **1948 :** नीली किनारी वाली सफेद साड़ी को अपनाया और सन् 1948 में कलकत्ता की मोतीझील की बस्ती में प्रथम पाठशाला स्थापित की।

- **सन् 1949 :** माइकल गोमेज किराये पर लिया। 19 मार्च 1949 मदर टेरेसा के एक भूतपूर्व विद्यार्थी ने सबसे पहले उनके कार्य में भाग लेना शुरू किया।
- **1950 :** सात अक्टूबर को 'मिशनरीज़ ऑफ चैरिटी' की स्थापना की।
- **सन् 1952 :** मृत्यु से जूझ रहे लोगों के लिये 'निर्मल हृदय' आश्रम की स्थापना किया।

- **1957 :** कुष्ठ रोगियों की सेवा करने का निश्चय।
- **1962 :** 'रेमन मैगसेसे' पुरस्कार का सम्मान।
- **सन् 1962 :** भारत सरकार द्वारा 'पद्मश्री' से सम्मानित किया।

- **1963 :** 25 मार्च को दिल्ली में 'मिशनरीज़ ऑफ ब्रदर्स' की स्थापना और इस वर्ष नई दिल्ली में 'मिशनरीज ऑफ चैरिटी' के नये केन्द्र की स्थापना।
- **सन् 1964:** मुम्बई में पोप ने मदर को एक गाड़ी उपयोग करने के लिये भेंट की।
- **सन् 1965:** वेनेजुएला में नये केन्द्रों की स्थापना की।
- **सन् 1967:** कोलम्बो में नये केन्द्रों की स्थापना की।

सन् 1968 : तंजानिया और रोम की बस्तियों के अन्दर नये केन्द्रों की स्थापना की।

- **1969 :** 26 मार्च को 'मिशनरीज़ ऑफ चैरिटी' ने एक अन्तर्राष्ट्रीय संस्था 'द इन्टरनेशनल एसोसिएशन ऑफ को-वर्कर्स ऑफ मदर टेरेसा' को मान्यता दी।
- **सन् 1970 :** जार्डन की यात्रा और यूरोप एवं अमेरिका में नयी सिस्टर्स को प्रशिक्षण देने के लिये लंदन में नये केन्द्रों को स्थापित किया।
- **सन् 1971 :** वाशिगंटन में 'कैनडी इन्टरनेशनल' अवार्ड से सम्मानित और अमेरिका के कैथोलिक विश्वविद्यालय द्वारा 'डॉक्टर ऑफ ह्यूमन लैटर्स' की मानद उपाधि।
- **सन् 1972 :** 'नेहरू अवार्ड' से सम्मानित।
- **सन् 1973 :** 'प्रेम दान' की स्थापना और लंदन में 'फाउंडेशन प्राइज फॉर प्रोग्रेस इन रिलिजिन' से सम्मानित।
- **सन् 1975 :** मैक्सिको में अन्तर्राष्ट्रीय महिला सम्मेलन में विशेष अतिथि के रूप में उपस्थित और इसी वर्ष 'मिशनरीज़ ऑफ चैरिटी' की रजत जयंती मनायी गयी और विश्व भारती विद्यालय द्वारा 'देशिकोत्तम' की उपाधि प्रदान की गयी।
- **सन् 1976 :** कोलकाता में 'निर्मल शिशुभवन' की स्थापना।
- **सन् 1979 :** न्यूयार्क में 'गुड सेमीरिटन अवार्ड' से सम्मानित और इसी वर्ष शान्ति के लिये 'नोबेल पुरस्कार' दिया गया।
- **सन् 1980 :** 'भारत रत्न' से विभूषित।
- **सन् 1982 :** इजराइल और फिलीस्तीन के युद्ध में फंसे 37 बच्चों को सकुशल बचाया।
- **सन् 1983 :** रोम में दिल का दौरा पड़ा।
- **1985 :** अमोरिकी सर्वोच्च पुरस्कार 'मैडल ऑफ फ्रीडम' से सम्मानित।

- **सन् 1989 :** पुनः दिल का दौरा पड़ा। इसी वर्ष मदर ने 'मिशनरीज ऑफ चैरिटी' के प्रमुख पद से त्याग-पत्र देने की घोषणा की, किन्तु गुप्त मतदान के चलते वे पुनः उस पद के लिये चुन ली गयीं।
- **सन् 1991 :** निमोनिया की बीमारी के कारण कैलीफोर्निया के ला-जोला अस्पताल में भर्ती की।
- **सन् 1993 :** गिरने के कारण पसलियों में फैक्चर और हृदय की बाईं ओर की धमनी के निष्क्रिय होने के कारण पुनः अस्पताल में भर्ती हुईं।
- **सन् 1997 :** 13 मार्च 'मिशनरीज ऑफ चैरिटी' के प्रमुख पद से त्याग-पत्र।
- **सन् 1997 :** 5 सितम्बर को दिल का तीसरा दौरा पड़ने से मृत्यु 7 सितम्बर से 13 सितम्बर तक विभिन्न लोगों द्वारा दर्शन तथा प्रार्थना सभाओं का आयोजन। 13 सितम्बर 1997 में राजकीय सम्मान के साथ अन्तिम संस्कार सम्पन्न तथा कोलकाता के मदर होम में समाधि।